ここで差がつく！

できる渉外担当者の「ものの言い方」

126の実践話法

渋井正浩

近代セールス社

はじめに

涉外活動で実績をあげるには「会話力」が必要です。

自分を相手に受け入れていただいたり、信頼関係を結んだり、商品に興味を持っていただくのも、すべては会話がきっかけとなります。

会話を成果に結びつけるには、要所での定番フレーズや気のきいた言い方、話をスムーズに進めるための言い方、聞きにくいことや言いにくいことをソフトに表現する言い方などを身につけておく必要があります。

この本は、渉外活動のさまざまな場面で使え、覚えておくと便利な、そうした〝ものの言い方〟を集めた本です。

私は20年ほど銀行に勤め、渉外や融資を担当してきました。どちらかというと口下手であがり症。最初のうちは、お客さまとお話しするのに、緊張から言葉が出てこないという経験もしました。成績も、低位からやっと中位くらいをウロウロするような状況でした。

そんなとき思い切って、成績優秀な先輩に、訪問に同行させてくれるように頼んでみました。先輩は快く了解してくれて、数日間同行訪問することになりました。

先輩との同行で学んだことはたくさんあったのですが、一番役に立ったのが、〝ものの言い方〟を学べたことでした。

先輩は、定番フレーズや、状況に応じて気のきいた言い方を使いながら、どんどんお客さまとの会話を弾ませ、セールスも順調に進めていきます。

私はそれを隣で聞きながら、一所懸命に頭で覚え、忘れないように外へ出たらすぐにノートにメモをしていきました。そして自宅に帰ってからは、先輩の使ったフレーズを声を出して練習し、ひとつひとつの言い方を暗記していきました。

そして単独での訪問活動を再開したところ、驚くほど成績があがり始めたのです。

私は現在、研修講師として、全国の金融機関の渉外担当者の方に講義を行っています。最近は研修所での集合研修のほかにも、訪問活動を一緒に行う同行訪問型の研修（ＦＳＴ）も増えてきました。

研修をしていて気づいたのは、現在の渉外担当者の中にも、私の若いころと同じく、うまく会話ができないという悩みを抱えている人がとても多いことでした。そこで研修に〝ものの言い方〟を加えてみたところ、多くの担当者から喜ばれ、実際に成績を伸ばす担当者もどんどん現れるようになりました。

本書はその研修で使っている教材をもとにして書き上げたものです。取り上げているのはどれも、明日からすぐに使える〝ものの言い方〟ばかりです。

ぜひ、本書にある〝言い方〟を使ってみてください。きっと今までよりも、お客さまとの会話がスムーズに進み、成績も自然にあがってくるはずです。

皆さんが実力を発揮して、どんどん成果をあげられることを願っています。

渋井正浩

目次

はじめに ・1

法人渉外編PART1
◆既存取引先での「ものの言い方」◆

第1章 取引先の心をつかむ「ものの言い方」 ・18
場面◇引継ぎ先での新任あいさつ ・18
場面◇社長室等に向かう途中のあいさつ ・19

場面◇社長がこだわりの一言を言ったとき・21
場面◇経営理念や社是を話題にする・22
場面◇社長から何か教えてもらった・25
場面◇社長から教えてもらったことを実行した・27
場面◇取引先の紹介をしてあげると言われた・28
場面◇評判のいい取引先を紹介された・30
場面◇「最近忙しいの？」と聞かれた・31
場面◇新しい支店長のことを聞かれた・33
場面◇会社や社長をほめる・34
場面◇普段接している担当者を持ち上げる・35
場面◇会社の縁の下の力持ち的な担当者をほめる①・37
場面◇会社の縁の下の力持ち的な担当者をほめる②・38
場面◇設立記念日をお祝いする・39
場面◇取引先が前任者の話を出してきた・40
場面◇「前任者は良かった」と言われた・41
場面◇決算書を受け取ったとき①・42
場面◇決算書を受け取ったとき②・47

場面◇決算書を受け取ったとき③ ・49
場面◇決算書を受け取ったとき④ ・51
場面◇他行に案件を取られてしまった ・53
場面◇帰り際の一言① ・56
場面◇帰り際の一言② ・57
場面◇望ましくないことが発生したとき ・58
場面◇社長の周辺や社内でご不幸があったとき ・59
場面◇通夜などの手伝いを申し出る ・60
場面◇転勤のあいさつ ・61

第2章 商談をスムーズに進める「ものの言い方」 ・62

場面◇本題を切り出す ・62
場面◇言いにくいことを言う前、聞きにくいことを聞く前に ・64
場面◇専門的な説明が長くなったとき ・65
場面◇知らない言葉が出てきた ・66

場面◇社長と自分の間で言い分や認識の違いがあったとき・67
場面◇重要な話で食い違いがあった場合・68
場面◇答えにくい話題をはぐらかす・69
場面◇審査が難航していることを伝える・70
場面◇金利について質問されたとき・71
場面◇事業承継の話題を持ち出す①・73
場面◇事業承継の話題を持ち出す②・75
場面◇預金口座のみの先に取引深耕狙いで訪問・76

第3章 取引先に依頼事をする際の「ものの言い方」・80

場面◇普段会えない社長に面会を依頼する・80
場面◇業務上のキーパーソンの紹介を依頼する・82
場面◇取引先の紹介などを依頼する・84
場面◇支店の会合やセミナーへの参加を依頼する・86
場面◇他行の提示条件を知りたい・87

場面◇こちらの都合で時間の変更や追加書類の提出をお願いする　・88
場面◇依頼事に応えていただいた　・89

第4章　断り・辞退・謝罪の際の「ものの言い方」　・90

場面◇融資を断る　・90
場面◇取引先に無理な頼み事をされた①　・91
場面◇取引先に無理な頼み事をされた②　・92
場面◇会食、ゴルフ等の接待を辞退する　・93
場面◇贈答品等を辞退する　・94
場面◇食事などにしつこく誘われた　・95
場面◇プライベートで答えにくいことを聞かれた　・96
場面◇書類不備などを謝罪する　・97

法人渉外編ＰＡＲＴ２

◆新規開拓先での「ものの言い方」◆

第１章　面談申込、アポ取りでの「ものの言い方」・100

場面◇飛び込み訪問で面会を申し込む　・100
場面◇電話で面会を申し込む　・103
場面◇社長には会えたが、迷惑そうにされた　・107
場面◇アポイントを渋る方を気軽にさせる　・111
場面◇ガードが固い先を見極める　・112
場面◇少々無理をしてアポイントを入れていただいた　・113

第2章　初回訪問時の「ものの言い方」・114

場面◇何度も訪問してやっと会ってもらった・114
場面◇自社ビルを案内されているとき・116
場面◇最初の会話の取っ掛かり・117
場面◇メイン行を探る・118
場面◇メイン行の話を自行のサービスを紹介するきっかけに・119
場面◇取扱商品について聞く・120
場面◇大口販売先との取引についてヒアリングする・121
場面◇保有する技術についてヒアリングする・122
場面◇宿題をいただき、次回アポを入れる・123
場面◇2回目訪問のためのネタが見当たらない・125
場面◇相手の会社を持ち上げる・127
場面◇周年記念を話題にして取引を依頼する・129
場面◇過去のトラブルを聞き出す・130
場面◇会話が途切れたとき・131

第3章 よくある断り文句に対する「ものの言い方」・132

場面◇「現状の銀行取引で間に合っている」と言われた・132
場面◇「特に借入の必要はない」と言われた・134
場面◇「おたくと取引して何かメリットはあるの?」と言われた・136
場面◇「うちなんかより、もっといい会社に行ったら」と言われた・138
場面◇「じゃあ1000万円くらい貸してくれる?」と言われた・140
場面◇「いま金融機関関係の取引を整理しているところだ」と言われた・142
場面◇帰り際に消極的なことを言われた・143

第4章 2回目訪問以降の「ものの言い方」・144

場面◇決算書を依頼する・144
場面◇上司との同行訪問を申し出る・146
場面◇融資条件や書類の中身を説明する・147

場面◇融資実行の報告を行う・148

第5章 小売業・サービス業店舗での「ものの言い方」・150

場面◇飛び込み訪問での最初の声かけ・150
場面◇飛び込み訪問での自己紹介・152
場面◇飛び込み訪問でのアプローチトーク①・154
場面◇飛び込み訪問でのアプローチトーク②・155
場面◇飛び込み訪問でのアプローチトーク③・156
場面◇取引金融機関について質問する・157
場面◇商品案内を行う・161
場面◇再訪問する場合の都合を尋ねる・162
場面◇サービス業、小売業の店に再訪問する・163

個人渉外編

第1章―初回声かけ時の「ものの言い方」・166

場面◇インターフォンであいさつする・166
場面◇インターフォンで反応がなかったとき・170
場面◇外に出ている方に声を掛ける・172
場面◇お客さまに商品案内をする・173
場面◇再訪問を申し出る・175

第2章―お客さまとの距離を縮める「ものの言い方」・176

場面◇窓口新規のお礼訪問・176
場面◇久しぶりに訪問する・178
場面◇お茶を飲んでいたりテレビを見ているところに訪問したとき・179

場面◇お茶やお菓子を出していただいた・180
場面◇高齢のお客さまに対し、若さをほめる①・181
場面◇高齢のお客さまに対し、若さをほめる②・183
場面◇独立している子供をほめる・184
場面◇ペットを飼っていた・185
場面◇多弁な方を持ち上げる・186
場面◇頼れる自分をアピールする・187

第3章―スムーズな面談のための「ものの言い方」・188

場面◇初対面の方との会話が途切れてしまった・188
場面◇多弁な方との面談で用件を先に済ませる・190
場面◇説明が難しくなりそうなとき・191
場面◇説明の途中で一区切りする・192
場面◇説明が一通り終わったとき・193
場面◇迷っているお客さまの背中を押す・194

場面◇多弁な方との面談を切り上げる・195
場面◇辞去するきっかけのフレーズ・197
場面◇大事なことを言い忘れていたとき・198

第4章 情報収集のための「ものの言い方」・200

場面◇年金を受け取っているか確認するとき・200
場面◇引っ越してきたばかりのお宅を訪問したとき・202
場面◇家族構成を確認したいとき・203
場面◇隣接する不動産物件の所有を確認する・204
場面◇二世帯住宅の同居者を確認する・205
場面◇他行取引を尋ねるとき・206
場面◇ご家族の近況を尋ねるとき・207

法人渉外編

PART1

既存取引先での「ものの言い方」

1 取引先の心をつかむ「ものの言い方」
2 商談をスムーズに進める「ものの言い方」
3 取引先に依頼事をする際の「ものの言い方」
4 断り・辞退・謝罪の際の「ものの言い方」

第1章

取引先の心をつかむ「ものの言い方」

場面　引継ぎ先での新任あいさつ

「このたび、御社を担当させていただくことになりました○○と申します。どうぞよろしくお願いいたします」

新任あいさつで名刺交換とともに発する言葉です。「この地域を担当することになりました」「このあたりを担当することになりました」という言い方もありますが、「御社を」としたほうが、相手に対する責任感が感じられ好印象を持たれます。

場面 社長室等に向かう途中のあいさつ

「こんにちは。お世話になっております」

会社にお邪魔した際の当たり前のあいさつですが、当たり前だからこそ、疎かにせず常に大切にしたい言葉です。

皆さんは、社長室に入るまでの間や、経理担当者のところに行くまでの間、もしくはそこから帰るとき、ただボーっと歩いているなんてことはありませんか。会社には自分が面談する相手以外にも、いろんな社員がいて、お仕事をされています。そういう方々に対しても、元気な笑顔で挨拶して歩きたいものです。

そうした社員の皆さんが一所懸命に働いてくれているからこそ、金融機関も商売ができるのです。いつ来て、いつ帰ったか分からないようでは、営業をやっている人の行動としてどうでしょうか。「こんにちは」「お世話になっております」「失礼します」「ありがとうございました」など、部屋の中の人たちに笑顔で声をかけていきましょう。けっこう、「お疲れさまです」「ご苦労さまです」と声を返してくれる人もいます。

さらに言えば、社員さんが個人的に住宅ローンを借りたいとか、相続関係で相談したいとか思ったときに、いつも元気に声掛けをしている担当者と、暗い感じで訪問している担当者と、どちらに相談しようと思うでしょうか。間違いなく、元気な担当者に相談しようと思うはずです。

「○○銀行（□□信金・△△信組）の担当者は礼儀正しいね。元気だね」と言ってもらえるよう、行き帰りでの社員の皆さん方への挨拶をぜひやってみてください。

場面 社長がこだわりの一言を言ったとき

「いまのお言葉（フレーズ）、メモを取らせていただいてよろしいでしょうか」

話を真剣に聞いていることを、相づちや笑顔などの表情で相手に伝えるのは渉外担当者として当然のこと。そこでさらに相手を喜ばすのが、「いい言葉を聞いたので、忘れないようにメモさせてください」という言葉です。

たとえば、社長が経営上で大切と思っていることや、座右の銘にしている言葉、愛読書についてなど、**社長がこだわりを持っていそうな話をしたら、ここぞとばかりに「メモしてもよろしいでしょうか」と言ってみましょう。**

社長はさらに饒舌になって、いろいろと話をしてくれるはずです。

場面 経営理念や社是を話題にする

「○○さんの言葉にこういう言葉があります」

会社の入り口や社長室に、社是や経営理念を掲げている会社はたくさんあります。社是や経営理念に思い入れの深い社長は多いので、それが面談中に話題になることも多いのではないでしょうか。

ですが、単にそこで「素晴らしいですね」とほめるだけでは、ほかの金融機関の担当者と同じで差がつきません。社是や経営理念を話題にする場合にも、人とは違ったやり方をやってみましょう。

たとえば「いかなるときも熱意を持って取り組む」という社是を掲げている会社があったとします。「熱意」がキーワードです。そんなとき、次のように話をしてみてはどうでしょう

「松下幸之助さんの言葉に『知識なり才能なりは必ずしも最高でなくてもいい。し

かし熱意だけは最高でなくてはならない』という言葉があります。私も常日頃から熱意を大切に仕事をしています。御社の社是と通じるところがあって感激しました」

単に「良い社是ですね」とほめるだけでは、うわべだけの社交辞令的な印象になってしまいます。しかし、**偉人の言葉と社是のキーワードを重ねて、「自分も好きな言葉です」と言えば、本当に心から共感しているように伝わります。**

別の例で「社会に希望を発信する」という経営理念の会社があったとします。キーワードは「希望」です。そのときは、

「ナポレオンの言葉に『リーダーとは希望を配る人である』という言葉があります。私はまだリーダーといえる立場ではありませんが、いつか周りに希望を配る人間になりたいと思っています。社長さんはすでにそれを実行なさっているのですね」といった話をするといいでしょう。

このように話したうえで、会社の社是や経営理念をメモさせてもらえれば、社長はあなたのことを身近に感じるでしょうし、他の金融機関の担当者との違いも感じて、あなたは一目置かれる存在になれるはずです。

社是や経営理念に使われるキーワードはけっこう限定されています。「熱意」や「希望」のほかに「絆」「貢献」「感謝」などです。**これらのキーワードが入っている偉人の名言を自分の中にストックしておき、会社に合わせて使っていきます。**

もしくは、**会社案内や会社のホームページで社是や経営理念をチェックし、ネットの名言サイトで検索して、キーワードが同じ名言を探しておきます。**

偉人の名言をまとめた本やウェブサイトはたくさんありますので、ご自身の気にいる言葉を探すだけでなく、渉外活動で使うためにも、ぜひご覧になってみてください。

場面

社長から何か教えてもらった
「いいことを教えていただきました」

取引先の社長から何か役に立つことを聞いたときや、情報をいただいたとき、「ありがとうございます」の後に、この一言を付け加えましょう。

「ありがとうございます。いいことを教えていただきました。今度行ってみます（さっそく試してみます）（買ってみます）（勉強になります）」といった具合です。

たとえば、その取引先の近くに新しくラーメン屋さんができて、そのラーメンについて社長が「美味しかった」と話したとしましょう。そこで単に「へえ、そうですか」と返すだけでは、社長もがっかりします。これからも楽しく話をしてもらうためには、**たとえラーメンに興味がなくても、「いいことを聞いた」という反応を示すのが、ビジネスパーソンとしての礼儀です。**

もし、仮に自分も行ったことがあれば、「私も行きましたが、確かに美味しかったです」と話を合わせます。間違っても「そんなに美味しくなかったです」とか「別の店のほうがおいしいですよ」などと、社長の言ったことを否定してはいけません。

自分の感情を正直に表現することよりも、相手が気持ちよくなることを優先させる、それが大人のコミュニケーションです。相手がお客さまであればなおさらのことです。

また、**もし自分も行ったことがあっても、行ったことのないフリをすることもできます。そのほうが、社長は「教えてあげた」という優越感を持ちます。**渉外担当者であれば、そのくらいのテクニックは使いましょう。

場面 **社長から教えてもらったことを実行した**

「先日のラーメン屋さん、さっそく行ってみたのですが、とてもおいしかったです。さすが、社長は舌がこえていらっしゃいますね」

前項で、例として挙げた事例の続きです。社長に教えてもらったラーメン屋さんに実際に行ってみて、その感想を次回訪問のときに社長に伝えます。そうすることで社長は、あなたが自分の話を本気で聞いてくれたと分かりますし、**体験談を共有することで一層話が弾みます。**

「舌がこえている」は、食べ物の場合ですが、モノの場合は、「さすが、社長はお目が高いですね」と言います。

場面

取引先の紹介をしてあげると言われた

「大変けっこうなお話をありがとうございます」

こちらからは頼んでいないのに、取引先の候補企業として、社長に他の企業を紹介されることがあります。

その企業が間違いなくいい企業であったり、あるいは個人であれば問題ないのですが、中には、よく調べてみないと取引先として相応しいかどうか分からないケースもあります。

そんなときは用心して慎重に対応すべきですが、その気持ちをあからさまに態度や言葉に出してしまっては、せっかく話をしてくれた社長に対して失礼です。取りあえず「大変けっこうなお話をありがとうございます」と感謝の気持ちを笑顔で表し、「では一度、ご面会の機会をいただけませんでしょうか」と今度はやや冷静な表情で続けます。

そうすることによって、まずは会ってみないと、取引するかどうか何とも言えないというニュアンスを伝えます。

場面 評判のいい取引先を紹介された

「願ってもないいお話です。ぜひ、前向きにお話を進めていただきたいと思います」

前項と同じく、社長に取引先を紹介されたケースです。社長が紹介してくれた企業が、業界内や地域で評判の、間違いなくいい会社や個人の場合は、「願ってもないいお話です。ぜひ、前向きにお話を進めていただきたいと思います」と前向きな姿勢を示します。

場面

「最近忙しいの？」と聞かれた

「お陰さまで、忙しくさせていただいておりますが、まだ何とか余裕があります」

お客さまから「最近忙しいの？」と聞かれたら、皆さんは何と答えていますか。「いやー、支店の人数が減っちゃって、てんてこ舞いです」とか「投信や保険も売らなくてはいけなくて、大変です」などと言っていませんか？

ついつい、そんなふうに返してしまいがちですが、ちょっと待ってください。もしかしたらお客さまには、別に言いたいことがあるのかもしれません。

「最近忙しいの？」という言葉には、次のような意味があることが考えられます。

①あなた最近、うちに来なかったね（若干の嫌味）
②ほかの会社、ほかの業界の景気はどうなんだろうか
③じっくり相談したいことがあるんだけど

このうち特に大事なのは３つ目です。ですから、**「忙しいの？」と聞かれたら、暇とは言いにくいですから、多少余裕があるように答えることが大切です。**そうすることで、「じゃあ、ちょっと相談に乗ってもらおうかな」という話に少なからずつながるはずです。

ここで「ものすごく忙しいです」と答えては、「じゃあ、ほかの金融機関に相談するか」と思われてしまい、せっかくのチャンスをみすみす逃すことにもなりかねません。

こうしたことは、法人取引においてだけでなく、個人取引においても起こりえることです。注意しましょう。

場面 新しい支店長のことを聞かれた

「新しい支店長のことは、つき合いが短いので私もまだはっきりとは分かりませんが、頼りになりそうです」

転勤で来た支店長が新任挨拶をしたあと、取引先から「新しい支店長ってどんな人？」と聞かれるケースがあると思います。これは、「うちをどう見ているか少し不安だな」と社長が感じているシグナルです。

こんなときは、たとえ思っていたとしても、「本部の審査部門から来たので、融資には厳しくて私たちも苦労しています」などと本音の話をするのでなく、「新しい支店長のことは、私もまだはっきりとは分かりませんが、頼りになりそうです」といった**少しぼやかした返事をしたうえで、支店長にすぐに報告し、早めの再訪問を依頼しましょう。**

場面 **会社や社長をほめる**

「社員の皆さまはお幸せですね」

会社をほめたり、社長をほめたりする場合、直接的に会社や社長をほめることが多いと思います。しかし、**時にはちょっと工夫して、間接的なほめ方もしてみましょう。**その一例が、「こんなに素晴らしい社長のもとで働けて…」という意味を込めた「社員の皆さまはお幸せですね」というトークです。

たとえば、社長の口から社員の大切さや社員の育成に賭ける情熱などを聞いたとします。そのときに「御社の社員の皆さまは社長さんのもとで働けてお幸せですね」と感激した表情で返します。そして「自分のことを考えると、本当にうらやましい限りです。こんなこと、私の会社の中では言えませんが」などと、少し冗談めかした感じで続けてもいいましょう。

場面 **普段接している担当者を持ち上げる**

「経理の○○さまには、いつも細かいお願いばかりしているのですが、スピーディに対応していただいており、私もとても助かっています」

社長に会ったときに必ずやっていただきたいのが、経理担当者をほめる、もしそれが奥さまなら、奥さまをほめるです。

経理の方や奥さまが同席していてもしていなくても、ほめておくようにします。

そうすると、それは本人の耳にも入りますから、気分も良くしてもらえ、何かあったときにあなたの味方になってくれるはずです。

社長との面談の後日に経理の方や奥さまに会ったら、「先日は社長さまにお時間をいただき、ありがとうございました。いろいろと教えていただき、大変勉強になりました」とお礼を言います。

そうすると経理の方は、社長にそれを伝えるでしょうから、社長は、会ってよかったな、と思ってくれます。つまり、もう1回あなたのことを、良い印象をもって思い出してくれるのです。

日頃社長とあまりじっくり話をする機会がない先については特に、このようにして、普段接している経理の方や奥さまを、いい意味で利用することも必要になります。

場面
会社の縁の下の力持ち的な担当者をほめる①
「この会社は◯◯さんで持っているんじゃないですか」

これを言う相手は社長や経営者クラスではありません。せいぜい経理課長クラスの人です。

経理課長クラスの中には、自分は会社で正当に評価されていないと不満を抱えている人もいます。そんな人ほどプライドも高いもので、自分を認めてくれる人に対しては、とても親近感や信頼感を持ってくれます。

ただし、これを言うのは、相手の会社の人が他に誰もいないときにしましょう。社内の他の人が一緒では、気まずくなってしまうかもしれません。

場面 会社の縁の下の力持ち的な担当者をほめる②

「〇〇さんはこの会社で、なくてはならない存在ですね」

担当者クラスの中でもあまり目立たないポジションで、裏方、縁の下の力持ちとして働いている人に使えるフレーズです。たとえば、営業アシスタントや総務関係の方々に対して使います。

普段、他人から評価される機会が少ないだけに大いに喜んでもらえる可能性が高く、「この人は分かってくれている」と、こちらの評価を上げることにつながります。

場面 設立記念日をお祝いする

「本日は御社の19年目の創立記念日かと存じます。お祝いを申し上げようと思ってまいりました」

設立日は会社の誕生日みたいなものですから、特に創業社長は意識している人が多いものです。そんな日に訪問して、お祝いの気持ちを伝えましょう。設立当初の苦労話なども聞き出せるかもしれません。**設立日は登録データなどで調べて自分のスケジュール帳に記入しておきます。**

内容がよく、他行庫メインで普段はなかなか社長と会えない先でも、設立日に訪問して、「お祝いを言わせてください」と言えば喜んで会ってくれます。

場面 取引先が前任者の話を出してきた

「御社とのお取引のことであれば、今は私が担当者ですので、私に何でもおっしゃってください」

「前の担当者の○○さんは今どこにいるの？」と聞かれることがあります。これは遠まわしに、前の担当者のほうが良かったという意味で言っていることが多いといえます。

こんなときは「○○支店におりますが」と言った後に、「御社とのお取引のことであれば、今は私が担当者ですので、私に何でもおっしゃってください」と自信を持って言うことが大切です。

場面 **「前任者は良かった」と言われた**

「まだまだ未熟者ですが（至らぬ点も多いかと存じますが）、お役に立てるように精一杯務めさせていただきます」

前任の担当者が社長に気に入られていた会社などでは、それとなく前任と比べられ、自分のことを悪く言われることがあります。そんなときは落ち込んでしまったり、カチンときたりするでしょう。でも、その気持ちを表してしまってはますます相手の心が離れてしまい、得になることは何もありません。

ここは気持ちを強く持って、**自分の未熟さを素直に認め、でも真摯《しんし》に前向きに仕事に取り組んでいく姿勢を示しましょう。**

場面 決算書を受け取ったとき①

「6期目のご決算ですか。この経済状況の中で、しっかりとした経営を6年も続けていらっしゃるのは、素晴らしいことですね」

皆さんは、既存先の社長や経理の方から、決算書をもらうケースがあると思います。普段あまり社長は出てこないけれど、決算書をくれる時だけは社長が出てくる、ということもあります。

では、決算書をもらったとき皆さんはどうしていますか？　まさか、何も見ないでカバンにしまったりしていませんよね。それはとても失礼なことです。決算書は、その会社が1年間一所懸命に仕事をしてきたことの結果ですから、きちんと拝見して、何かメッセージを伝えなくてはいけません。

「皆さんは決算書をもらったら、まず最初にどこを見ますか？」

この質問をすると、90％以上の方は「売上高、利益、借入状況」と答えます。でも、それでいいのでしょうか。ほかの人と同じことをしていては差がつきません。

また、金融機関の渉外担当者向けの参考書の中には、「決算書をもらったらその場で営業利益率をさっと計算して、業界平均と比べて高いか低いかを伝え、数字に強いことをアピールしましょう」と書いてあるものもあります。私はそれには賛成できません。社長の立場からすると「何を若造が、こっちの苦労も知らないくせに偉そうなことを言いやがって」と思っているはずです。

社長はおカネを借りている立場ですので、ムッときても顔に出しませんが、そんな言い方をされたらカチンときている人が多いはずです。

では、**まず最初にどこを見るかというと、「何期目の決算なのか」です。それを確認して、今までの苦労と1年間の苦労をねぎらいます。そして、私は社長の苦労を理解していますよ、そんな苦労をしながら経営を続けている社長を尊敬しますと**

いう気持ちを伝えます。

「18期のご決算ですか。この経済状況の中で18年も経営をしっかりと続けていらっしゃるのは、素晴らしいことですね」

こう言われたら、たいていの社長は「俺の苦労を分かってくれているんだな」とグッときます。

これは、3期目だろうが5期目だろうが、10期、20期だろうが、赤字だろうが黒字だろうが、どんな会社にも使える「言い方」です。どんな会社の社長も、会社や社員を守るために厳しい環境の中で頑張っているわけであり、誰かその苦労を分かってほしいと心の中ではみんな思っているのです。

その苦労が分かる、理解できるのは実は金融機関の渉外担当者だけです。会社の中の人間も会社の外の人間も、誰も社長の苦労は分かりません。社長は孤独な存在です。「私は分かっていますよ」という気持ちを込めて、このトークを使ってみてください。

トークは、続けて次のように展開します。

会話例

担当者　6期目のご決算ですか。この厳しい経済状況の中で、しっかりとした経営を6年も続けていらっしゃるのは、素晴らしいことですね。
社長　そう言ってもらえるとうれしいよ。
担当者　会社を続けられるのは、本当に大変なことだと思います。金融機関にいるとそれがよく分かりますので、社長さんを尊敬しています。
社長　あなたも上手だね。
担当者　いえいえ、本当にそう思っています。私もそんな社長さんのお役に立ちたいと思っておりますので、何かございましたらぜひご相談ください。ところで、前期の全体的な営業状況はいかがだったでしょうか？
社長　環境が悪い割には、まずまずだったかな。
担当者　主要なお取引先さまに変化はございましたか。
社長　けっこう新規の会社が取れたね。

担当者　それはよかったですね（実際の会話ではもっと突っ込む）。前期と比べて伸びた商品は何ですか？

社長　新しい商品が結構評判よかったよ。

担当者　（実際の会話では、もっと突っ込む）ところで金融機関のお取引関係はいかがですか。

社長　東西銀行さんが廃店したので、取引がなくなったんだ。

担当者　当面の資金状況はいかがでしょうか？

社長　夏場までは問題ないかな。

担当者　それは何よりです。夏場以降でご融資のご入り用などございましたら、ぜひお声掛けください。私もお役に立ちそうな情報がございましたら、ご案内いたします。決算については、細かい部分で改めてご質問させていただくかもしれませんのでよろしくお願いいたします。

担当者　こちらこそよろしく。頼りにしているよ。

場面 決算書を受け取ったとき②

「18年間で一番のご苦労ってどんなことだったのですか」

これは、**決算の話をきっかけに、今まで会社を経営してきた中での苦労話を聞き出すトーク**です。

何の前触れもなしに、唐突に「社長の今までの一番のご苦労ってどんなことだったのですか」と聞くのはいかにも不自然ですが、決算を話題にしてからであれば、自然に質問することができます。

苦労話を聞くことは情報収集としていろいろな効果がありますが、何よりもいいのは、他の金融機関の担当者には話をしていないことを自分だけが聞き出せるかもしれないことです。

社長の立場から言うと、「この話はこの担当者にしかしていない」ということになり、お互いがいわば秘密の共有者になって、親近感、信頼感が高まります。ぜひ聞いてみてください。

会話例

担当者　18期目のご決算ですか。この厳しい経済状況の中で、18年も経営をしっかりと続けていらっしゃるのは、素晴らしいことですね。

社長　そう言ってもらえるとうれしいよ。

担当者　1年1年、会社を続けられるのは、本当に大変なことだと思います。私にはとても無理です。

社長　◯◯さんも上手だね。

担当者　いえいえ、本当にそう思っています。18年間で一番のご苦労ってどんなことだったのですか。よろしければお聞かせいただけませんか？

場面

決算書を受け取ったとき③

「社長さんは私が生まれる前から社長をなさっていたんですね」

これは会社の年齢と自分の年齢が近い場合に使えるトークです。自分の年齢を持ち出して、社長をすごいと思っている証拠にします。そして、前項の会話例と同じようにして、社長が大切にしてきたことを聞き出します。

会話例

担当者　29期目のご決算ですか。社長さんは私が生まれる前から社長をなさっていたんですね。すごいですね。

社長　それほどでもないよ。もっと長い会社もたくさんあるし…。ところで君は

担当者　何歳なの？

昭和63年生まれで、今年で28歳になります。当時の日本ってどんな感じだったのですか。よくバブル経済と聞くのですが、まったく実感がないのです。

社長　あのころはねえ、日本中が浮かれていたんだよ。俺もその世の中の勢いに乗って会社を始めたようなものかな。

担当者　またそんな…。でも会社って、勢いで始めることはできても、それだけで続けていけるものではないですよね。会社を続けていくうえで、社長さんが大切にしてきたことって何ですか？

場面 決算書を受け取ったとき④

「前期は御社の20周年だったのですね。改めてお祝いを申し上げます」

決算書を見ると、20期と書かれてあったとします。つまり前期が会社の20周年だったということですが、もし、前期中にそれに気が付かずに、お祝いの言葉をかけていなかったら、次のような言葉をかけます。

「前期は御社の20周年だったのですね。お祝いが遅れて申し訳ございませんでした。遅ればせながら改めてお祝いを申し上げます。おめでとうございます。御社の今後のますますのご発展をお祈りいたします。私も御社のご発展に少しでもお役に立てるよう、精一杯務めさせていただきます」

規模の大きな会社では「株式会社○○ 創立20周年パーティー」と銘打ってホテルで大々的にお祝いする場合もありますが、それはほんの一部の会社ができることです。多くの会社、日本の中小企業の多くはそのようなことはできず、社長が一人でひっそりと「今年で20年か」と思っています。それをきちんとお祝いしましょう。

場面 **他行に案件を取られてしまった**

「差し支えなければ、当行のご提案をご採用いただけなかった理由をお聞かせいただけませんでしょうか。今後の改善の参考にさせていただきたいので」

競争案件（コンペ案件）の場合、勝てる場合もあれば、当然負けるときもあります。せっかく徹夜して企画資料を作って、上司を説得し、他部署にも協力してもらって稟議も通したのに、負けてしまう。本当にがっかりきます。嫌みの一つも言ってやりたいですし、早く忘れてしまいたいものですが、そんなときこそ、渉外担当者としての度量が試されます。

たとえば、お客さまから「今回のお話は他の銀行さんにお願いすることになりました」と言われて、Aさんは、ムッときて「分かりました、では失礼します」と言ってそそくさと帰っていきました。お客さまは、そんな態度を見たら、「失礼な人だな。自分の判断は正解だった」と思うはずです。次回機会があっても、声をかけてくれないかもしれません。

これに対してBさんは、お客さまにこう言いました。

「お役に立たせていただくことを楽しみにしておりましたので大変残念ですが、承知いたしました。ご検討いただき、ありがとうございました。もう少し御社のご希望にかなうご提案をさせていただけていたらと思うと、申し訳ない限りです。これから精進して参りますので、今後ともよろしくお願いいたします」

お客さまは「こちらこそ、お手を煩わせました」と答えます。

相手に断る行為というのは、たとえビジネスシーンでのビジネスライクな決断だったとしても決して楽しいものではなく、気が重いというか、普通の人は「悪いな」と思うものです。そこで、**悪いなという気持ちをくすぐってみる**ため、Bさんは次のように続けます。

「ちなみに、他行さんになった決め手はどんなところにあったのでしょうか。今後のために差し支えない範囲でご教示いただければと思います」

するとお客さまの中には、「ちょっとくらい教えてあげてもいいか…」という気持ちになる人もいます。理由を知れば、次の提案のときに参考にできたり、競合の動きや大体の提案内容などを想像することもできますので、それは貴重な情報です。また、これによって自分の向上心や相手の役に立ちたいという気持ちも伝えることができます。

もちろん、こんなセリフを言っても、お客さまが100%教えてくれるとは限りません。しかし、少なくとも何%かの方は教えてくれますから、それだけ次回以降の獲得の確率を上げる対策をとることができます。

聞かなければ0%、聞けば数%でも確率が上がる。

営業は小さなことを積み重ねて確率を上げていくゲームですから、悔しい気持ちは置いておいて理由を聞いてみましょう。

場面 帰り際の一言①

「本日は、貴重なお話をうかがうことができ、大変勉強になりました」

別れ際に付け加えると効果的な一言です。特に貴重と思える話がなかったときでも、決まり文句として言うようにしましょう。

場面 帰り際の一言②

「先ほどお話のあった○○の件、さっそく試してみます。次にお会いしたときに結果をご報告します」

これも帰り際の一言ですが、面談の中でお客さまから何か情報をいただいたときに、「その話、ちゃんと覚えていますよ」「ちゃんと試してみますよ」と、念押しする際の言い方です。

○○の中には「サイト」「お店」「妻への褒め言葉」「子育てのアドバイス」などが入ります。ビジネスがらみでもプライベートでもどちらでも使えます。

場面 望ましくないことが発生したとき

「ご心痛のほど、お察しいたします」

社長のご家族や社員さんが事故や病気で入院などされ、比較的重い状態と思われるような場合に使います。

「お気持ち分かります」と言うと、分かるわけないだろう、と思われるかもしれませんので、「お察しします」という言葉を使います。

場面 社長の周辺や社内でご不幸があったとき

「このたびは、誠にご愁傷さまでございます。心より お悔やみ申し上げます」

会社や社長の周辺でご不幸があった場合の定番フレーズです。もし故人と面識があれば「○○さまには私も可愛がっていただいたので、本当に残念です」などと続けます。

場面 通夜などの手伝いを申し出る

「私（私ども）でお役に立てることがあれば、遠慮なくおっしゃってください」

金融機関は現金の扱いに慣れていることから、通夜の受付を頼まれることもあります。金融機関によってはそのような依頼は基本的に辞退することになっているかもしれませんが、もし対応できる場合は、このようにお手伝いできることを伝える気遣いを忘れないようにしましょう。

特に重要なお客さまに声をかけるのを忘れてしまい、取引の薄い他行庫が受付を引き受けたりすると、後々の取引に悪影響を及ぼす可能性もあります。

場面 **転勤のあいさつ**

「長い間、ご指導とご厚情（ご鞭撻）をいただき、誠にありがとうございました。御社のますますのご発展を陰ながらお祈りしております」

転勤のあいさつの際にそえたい一言です。

第2章　商談をスムーズに進める「ものの言い方」

場面　本題を切り出す

「ところで、本日おうかがいいたしましたのは……」

天気の話など雑談が終わったら本題に入ります。ここからが本題ですよ、と告げる切り替え言葉の代表が「ところで」です。一般的には商談を持ちかけている立場の渉外担当者が発します。

相手も忙しいわけですから、**本題前の雑談はほどほどに切り上げ、2～3秒の沈黙があったタイミングで、姿勢や表情を正して「ところで」と切り出します。**

これから話すべき本題について、すでに相手と話したことがある場合には、「ところで、先日の○○の件ですが……」という言い方もします。

相手によっては話し好きの方がいて、なかなか本題を切り出せないケースもあります。そのようなときは、動き、ジェスチャーを入れます。

たとえば、背筋を伸ばして、居住まいを正したり、ノートを広げたり、ペンを持つなどの動作をして、「ところで…」と切り出します。

場面 **言いにくいことを言う前、聞きにくいことを聞く前に**

「社長さま、お気を悪くなさらずに聞いていただきたいのですが……」

追加担保の依頼や金利の引き上げ交渉、業績悪化の原因のヒアリングなど、言いにくいことを言ったり、聞きにくいことを聞かなければならないことも時には起こります。それも仕事ですから避けて通ることはできません。

そんなときの本題に入る前に、クッショントークとしてこのフレーズを使います。これにより社長としても心の準備ができますので、冷静さを保ちながら話を聞いてくれるはずです。

場面 専門的な説明が長くなったとき

「少々くどくなり恐縮ですが……」

契約書の内容やお申し込み時の注意事項等の説明はどうしても時間がかかるものです。最近はお客さまも必要性を認識しているケースも多いですが、それでもうんざりする方は出てきます。

そんなうんざりしている様子が表情や態度に表れたら、「少々くどくなり恐縮ですが」「長くなって恐縮ですが」と説明の途中にはさんでみましょう。こちらの申し訳ないと思っている気持ちが伝わります。

「これはルールなので」と言うよりも、お客さまは気分が和らぎます。

場面 **知らない言葉が出てきた**

「勉強不足で申し訳ございません。今の〝○○〟というのはどういう意味でしょうか」

経営者と会話していると、専門用語やビジネス用語などで自分の知らない言葉が出てくることがあります。分からないまま話が進んでしまったり、知ったかぶりをしてしまい、あとで後悔した経験のある人も多いでしょう。

相手の話を止めて質問するのは失礼ではないかと思いがちですが、逆にそのような行為に対して、社長は嫌がるどころか、素直な人だと評価し、信頼してくれます。なぜなら、**知らないことを知らないと言えるのは勇気のいることだと社長も知っているからです。**

ただし金融の分野については、当然ですがこちらがプロですので、自己研さんに励んで専門用語はしっかりと理解しておきましょう。

場面 社長と自分の間で言い分や認識の違いがあったとき

「申し訳ございません。私の認識違いだったようです」

約束の時間をお互い勘違いしていた、相手からの連絡を待っていたら、相手はこちらから連絡するものと思っていた、等々、何かの行き違い、勘違いでそのようになってしまうことがあります。

自分のほうが正しいはずと自信を持っていたとしても、お客さまを責めるのはいただけません。やはりそこは一歩引いて、こちらから謝罪します。また、**「認識違い」という言葉を使うことで、100％こちらに非があるということは避けられます。**

このような言い方をすれば、たいていは相手も「いえ、私のほうこそ勘違いしたのかもしれません」などと返してくれます。

場面 重要な話で食い違いがあった場合

「私の記録（メモ）では、○○となっておりますが」

約束の時間程度の話であれば、こちらの責任にしてしまったほうがスムーズですが、融資の金利など重要な話で食い違いがある場合には、しっかりと主張することも必要です。

「記録」のところを「記憶」とすることもありますが、やはり記録（メモ）のほうが数倍も説得力があります。大事なことは、普段からメモをとる習慣をつけましょう。

場面 答えにくい話題をはぐらかす

「なるほど、そういうのもありますね」

政治がらみや宗教がらみ、誰かの悪口などで同意できない場合や、立場や意見をはっきりしにくい話題の場合、返答に困ることがあると思います。

そんなときは、「なるほど、そういうのもありますね」「分かる気がします」というように流してしまったほうが無難です。

場面 審査が難航していることを伝える

「率直に申し上げて、思うように進んでいないのが実情です」

本部稟議を上げているものの、審査部門からは芳しくない反応が返ってきている。何とか承認をもらえるように努力は続けるが、否決の可能性もありそう。

そうした場合、最終結論が出る前に、難しそうだということを早めに伝えることもあります。早めに伝えることで、相手の会社も別の手段を検討することができるからです。

手形の決済日の前日などギリギリになって融資ができないと返事をすると、相手の会社も別の手段を考える時間がほとんどなくなり、場合によっては当方の責任にされてしまうこともあります。**ダメになりそうな場合ほど感触を早めに伝えておくことが必要です。**

場面 金利について質問されたとき

「今の状況では、金利の引下げは難しい部分がございますが、ちなみに他行庫さんの状況はいかがですか」

「うちの金利、もう少しどうにかならない？」と聞かれた場合、それはどういう状況だと思いますか？

年がら年じゅう「金利を下げてくれ」と言っている先や、業績が悪くて四苦八苦している先は除いて、正常先や軽い要注意先ぐらいだと、「他行がいい条件で肩代わりを提案してきている」という場合が少なくありません。個人でもアパートローン先などでは気をつけたほうがいいでしょう。

ですから、こうした場合には、「今の状況では、金利の引下げは難しい部分があります」とやんわり返したうえで、**「何か気になるところがございますか」**とか**「他行庫さんの状況はいかがですか」**といったように探りを入れてみる必要があります。

「金利を下げてくれ」などと、そんなことを滅多に言う社長ではないのに、突然話が出てきた。「できません」と言って放っておくと、1週間くらいあとの閉店間際に突然口座に大きなおカネが振り込まれてきて、返済と担保の抹消を依頼された――注意しないとそういったことが起こりかねません。

金利について話があったときには、必ず上司にも報告し、翌日の帯同訪問をお願いしたり、取引履歴に残しておくようにしましょう。

場面 事業承継の話題を持ち出す①

「社長さまはまだまだお元気なのに、このようなお話を持ち出して、ご気分を害されるかもしれませんが、5年後、10年後の経営体制についてどのようにお考えでしょうか」

事業承継の話題はデリケートなものです。

すでに後継者問題などを公言している社長なら話題を出すのに問題はありませんが、中には、高齢ではあってもまだまだ元気であり、しばらくは自分が経営を続けていくつもり、という社長もいらっしゃいます。

また、後継者問題は社長にとって、手塩にかけて育ててきた会社を誰に継がせるかという人生の一大事であり、家族や社内の有力者の間での重要事項となっている場合も多く、非常にデリケートな問題を含んでいます。

そんな社長に、いきなり直接的に「後継者の方はすでにお決まりですか」などと聞いたりすると、余計なお世話だとか、金融機関には関係ない、と反感を持たれるケースも出てきます。

やはり、事業承継や後継者問題の話題を振る際には慎重に言葉を選びたいものです。また、相手の会社では、できるだけ他の人が同席していない場面で話を持ち出すほうが無難です。

言い方としては、**前振りとして「お元気」「ご気分を害されるかも」などの言葉を使い、すぐにではなく将来の話としてという意味で「5年後、10年後」という言葉を使います。**また、「後継者」という言葉は直接的なので、**「経営体制」という言葉でワンクッションを置いて、その後に「後継者」という言葉を使います。**

場面 事業承継の話題を持ち出す②

「実は最近いろいろな社長さまから、今後会社をどなたに引き継ぐか、株式をどうするのか、といった事業承継のことでご相談をいただくケースが増えております」

これは、他社のことを引き合いに出し、ソフトに迫っていく聞き方です。興味がありそうな素振りが見えたら、「よろしければ本部の専門家をご紹介しますので、一度ご参考までにお話を聞いていただけませんでしょうか」などとつなげます。

いずれにしても事業承継問題は、日常的な融資案件などとは違い、社長や家族の人生にも関わってくる問題だということをしっかりと認識して慎重に対応しましょう。

場面 預金口座のみの先に取引深耕狙いで訪問

「ご請求書に当店の口座は入っていらっしゃるでしょうか」

預金口座のみの取引先に対して各種取引深耕狙いで訪問することがあると思います。その際にぜひ行いたいのが、定期訪問の申し出とともに、その会社が顧客に出す請求書に自店の口座番号が記載されているかの確認です。特に口座の動きが少ない、あるいはまったくない取引先に関しては必ず確認を励行し、口座番号の記載を依頼します。

中には、融資先でありながら売上回収金が入っておらず、融資の返済金だけ振込まれている会社もあるはずです。そのような会社の請求書には、自店の口座番号が記載されていないと思って間違いありません。

業況の確認や実質的な保全強化のためにも営業性の振込金の確保は欠かせません。ただし、これを依頼する際には、**その目的を業況確認や保全強化のためとは言っ**

てはなりません。あくまで、「お取引をもっと広げたいので…」という言い方で依頼するようにしましょう。

本来、金融機関の預金口座は、営業性資金の「入り」と「出」があるのが正常な形です。融資の返済だけが行われている状態の口座は不動口座と変わりありません。**自店の取引先の請求書がどうなっているかを確認して、記載を促すのは、基本的ですが非常に大切な仕事です。**

会話例

担当者　こんにちは。お世話になっております近代信用金庫です。いつも当店の口座をご利用いただき、誠にありがとうございます。

社長　近代信金さんですか、珍しいね。おたくの口座はほとんど動いていないから、そろそろ解約しようかと思っていたんだ。

担当者　えっ、そんなことおっしゃらずにお取引を継続してください、お願いします。口座を置いていていただいているだけでありがたいですし、できればもっと動かしていただけるとありがたいと思っておりまして。あのー、失礼ですが、そもそも私どもとおつき合いいただいたきっかけって、どんなことだったんですか。

社長　そのくらい調べてきてよ。たしか10年以上前におたくの担当者に熱心に誘われて、そのあと、何やかんやで付き合っていたんだけど、何代か担当者が変わってすっかり来なくなったな。

担当者　それは大変失礼いたしました。せっかくこうして社長さまにお会いできましたので、定期的にご訪問をさせていただきたいのですが、定期積金などご利用いただけませんでしょうか。会社でも個人名義でも結構ですので。

社長　そんな余裕ないよ。

担当者　それでしたら、ご融資でお力になれると思いますが。

社長　そうなったときはご連絡するようにしますよ。

担当者　ご連絡いただくのは申し訳ございませんので、また顔を出させていただきます。ちなみに御社では、お客さまに出すご請求書に当店の口座は入っていらっしゃるでしょうか。

社長　どうだったかな。（事務所にいる経理担当者に）おーい、ウチの請求書に近代信金さんの口座って書いてあったっけ？
経理　入ってないですよ。
担当者　それでしたら、ぜひ加えていただけませんか。ちなみに請求書はパソコンで作っていますか、紙ですか。
経理　パソコンですよ。
担当者　では、こちらに当店の店舗コードと御社の口座番号が書いてありますので、ぜひご登録をお願いできませんか。金融機関の中で一番上に入れてくださるとうれしいですが、最後につけ足すだけでも何とか。
社長　おたくもずい分熱心だね。
担当者　せっかく口座を持っていただいているので、ぜひ動かしていただいて、お取引を広げていただきたいものですから。
社長　まあ、そういうことなら、おたくの口座も加えておくか…。
担当者　ありがとうございます。

第3章

取引先に依頼事をする際の「ものの言い方」

場面 普段会えない社長に面会を依頼する

「せっかくご担当させていただきながら、なかなかしっかりとご商売のことをうかがったことがございませんでしたので、一度、お時間を頂戴し、業界のことやご商売のことなど、お話をうかがえないでしょうか」

既存先は、ある程度付き合いが長くなると、取引が硬直化してしまう傾向にあります。変な失敗をしなければ、そこそこの付き合いは続けられますが、それに安住していては、特に優良先の場合には、取引の発展は望めません。ですから、いつも必要な用事だけで済ませている既存先についても、社長と一度しっかり話をしてみることです。

手形の書き換えや、保証協会の申し込みなどで頻繁に顔は合わせているものの、商売の話をあまりしっかり聞いたことがなかったという先を、どなたでも1つや2つはお持ちだと思います。加えて、いつも経理担当者や社長の奥さまとしか接触していない先というのもあるでしょう。

そんな先で社長に面談をしてもらうには、どうしたらいいでしょうか。

普段窓口になっている経理担当者や奥さまに「何で改まって社長と話がしたいの？」と言われたら、ここに挙げたようなセリフでお願いしてみてください。

取引のある金融機関がこう言えば、よほどのことがない限り、社長も時間を作ってくれます。

場面 業務上のキーパーソンの紹介を依頼する

「一度工場長さま（店舗の責任者さま、営業部長さま）とご面会させていただく機会を設定していただけませんでしょうか」

取引先を訪問したときに面談する相手は、一般的に社長や経理担当者だと思います。日常的な取引としてはそれで十分に用を足せるかもしれません。しかし、もう一段深く会社を理解する、取引拡大を図る、与信管理を強化するというような場合には、ぜひ会社の業務上のキーパーソンと面識をもっておきたいものです。

会社には、それぞれ実務上のキーパーソンがいます。製造業であれば工場長、製造部長など、店舗のある会社であれば店舗の運営責任者、店長など、開発中心の会社であれば開発部長、営業中心の会社であれば営業部長などです。

そうした人たちにアプローチする目的には、営業上と与信管理上の2つの側面があります。

営業上の側面というのは、現場での課題や問題をヒアリングすることで、問題解決型ソリューション営業につなげるということです。

現場の課題・問題は必ずしも社長の耳にまで届いているとは限りませんし、経理担当者はなおさら現場には疎いものです。現場の責任者から現場のことを直接聞くことで、問題解決型営業の種を探すことができます。

与信管理上の側面とは、会社の実務上のキーパーソンの退職など、重要情報が早く手に入るようにしておくということです。

たとえば、実力のある営業部長が部下を引き連れてライバル他社に移籍してしまったり、自分で会社を創業するといったことがあると、もといた会社は大打撃を受け、業績が悪化することがあります。

そのような兆候を素早くキャッチするには、実務上のキーパーソンをしっかりと押さえておく必要があるのです。

場面　取引先の紹介などを依頼する

「勝手なお願いとは承知しておりますが、他にお願いできる方もなく…。何とかお願いできませんでしょうか」

取引先の紹介をお願いするようなときには、実際はいろいろな既存のお客さまに声かけをすると思います。ただ、社長にとってみれば、仮にいろいろな社長に声かけをしていると分かってはいても、「特にあなたを頼りにしているんです」と言われて悪い気がするはずがありません。何とか力になってやろうという気持ちになってくれるものです。


「無理なお願いをして申し訳ございません」

「誠に厚かましいお願いですが」

「このようなことは、お顔の広い○○社長さまにお願いするしかないと思い…」

などの言葉も使えます。

あなただけが頼りなのですという気持ちを表し、社長に「こいつのために一肌脱いでやるか」と思ってもらいましょう。

もし、このあと社長がだまり込んでも、焦る必要はありません。社長は頭の中で「誰か紹介できる人はいるかな」と考えをめぐらせています。焦って話しかけてしまうと社長の思考を中断させてしまいますので、社長が話をしてくれるまで辛抱強く待ち続けます。

場面 支店の会合やセミナーへの参加を依頼する

「お忙しいところ恐縮ですが、ご参加たまわりますよう、お願いいたします」

支店で取引先の会合を催したり、顧客向けセミナーを開催するにあたり、参加をお願いするときに使う言い方です。このほかにも、「ご来臨いただきますよう、お願いいたします」「ご臨席いただきますよう、お願いいたします」などの言い方があります。

「ご来臨」や「ご臨席」は「ご参加」よりも改まった印象になり、特に重要な取引先、年配の方に対して有効な表現です。

場面 他行の提示条件を知りたい

「ちなみに○○銀行さまの条件はいかがでしょうか。たとえば金利は、当行と比較していかがですか。差し支えない範囲で教えていただけませんでしょうか」

融資案件では、他行庫との競争になる場合も多いでしょう。他行の提示条件が分かれば、対応策も立てやすくなります。

社長も、他行の条件をオープンに知らせてきて競争を促すタイプや、他行の条件を知らせないタイプなどさまざまです。旗色が悪そうな場合は、結論が出る前にそれとなく条件を聞き、対応策を考えましょう。

場面

こちらの都合で時間の変更や追加書類の提出をお願いする

「当方の都合で誠に申し訳ございませんが…」

こちらの事情で面談日時の変更などを申し入れるときや、追加書類をお願いする際、本題に入る前に用いるクッショントークです。

「当方の都合で誠に申し訳ございませんが、お約束の日程を変更していただけるとありがたいのですが」

「当方の都合で誠に申し訳ございませんが、追加資料で受注明細をいただきたいのですが」

のように使います。

場面 依頼事に応えていただいた

「ご理解をいただき、誠にありがとうございます」

頼みごとに対して前向きな返事をいただいたときは、このように言って感謝の気持ちを表します。

「本当に助かります」「心から感謝しております」「社長にお願いしてよかったです」などと続けてもいいでしょう。

第4章 断り・辞退・謝罪の際の「ものの言い方」

場面 融資を断る

「先日のご融資のお話ですが、私なりに精一杯努力したのですが…。お役に立てずに申し訳ございません」

融資をお断りするのは重い気持ちになる仕事です。基本的には担当者だけで断るのではなく、上席と同行します。

お断りする理由についてどこまで話をするかはケースバイケースですので、事前にしっかりと上司とすり合わせをしておきましょう。

場面
取引先に無理な頼み事をされた①
「そのようなお話は平（ひら）にご容赦ください」

取引先の中には、自行庫と取引のある同業他社やライバル会社についての情報提供を求めたり、誘導尋問のように話を聞き出そうとする社長や部長もいます。しかし、金融機関の職員が顧客情報を第三者に漏らすのは明らかなコンプライアンス違反です。そこでそうした依頼に対しては、「そのようなお話は平にご容赦ください」とお断りします。

場面 取引先に無理な頼み事をされた②

「ご無理をおっしゃらないでください。そのようなお話はお客さま情報の漏えいになりますので、固く禁じられております」

前項でみたように「そのようなお話は平にご容赦ください」と断って、それでもなお「そこを何とか少しだけでも」と食い下がってくるようなら、ここに挙げたような言い方の断りを付け加えます。

場面 会食、ゴルフ等の接待を辞退する

「大変ありがたいお誘いなのですが、会社の方針でお客さまとのご会食（ゴルフ）は自粛することになっておりまして……」

会食やゴルフなどの接待については、各金融機関や支店長の方針で受ける受けないのガイドライン的なものが決まっていると思います。どうみても断ることになるお客さまに対しては、お誘いを受けたその場でお断りしたほうが、変な期待を抱かせずにすみ無難です。

なお、お誘いを受けたことは上司に報告し、記録にも残しておきましょう。

返事を曖昧にしていて断りにくくなり、上司への報告なしに担当者だけで接待を受けると後々融資を断りにくくなったりしますので、上司に無断での接待への参加は厳禁です。

場面 贈答品等を辞退する

「ご厚意（お気持ち）はありがたいのですが、実は当社では、ご贈答品はご辞退するという規則がございます。ご厚意を無にするようで申し訳ございません」

何らかの贈り物、特に個人的な贈り物を辞退する際のフレーズです。それでも「そんな堅苦しいことを言わずに……」と言われたら「お気持ちのみありがたく頂戴いたします」「まことに心苦しい限りでございますが、どうかお気を悪くなさらないでください」のように返します。

なお、各金融機関でガイドラインなどが設けられている場合には、それに応じて対応してください。

場面 食事などにしつこく誘われた

「上司（支店長）に相談させていただいてからご返事いたします」

女性渉外担当者が、相手先の社長や担当者から食事に誘われることもあると思います。

企業と支店の長い付き合いの中で定期的にお互い数名で会食をしている場合は大きな問題にはならないですが、一対一の誘いの場合は慎重な対応が必要です。必ず上司に報告し、相談して対応します。また、その旨を相手に伝えましょう。

場面 プライベートで答えにくいことを聞かれた

「企業秘密、というところですね」

女性渉外担当者が社長から「彼氏はいるの？」「結婚の予定は？」などとプライベートな答えにくい質問をされたときに、それをはぐらかすフレーズです。

大げさに「企業秘密」という言葉を使い、「というところですね」を付け加えると、冗談ぽくごまかせます。

場面 **書類不備などを謝罪する**

「このたびはご迷惑をおかけいたしまして、誠に申し訳ございません。何卒お許しください」

書類に不備があり、後日、訂正印をいただく。別のお客さまの計算書をお渡ししてしまった……。

ミスは起こさないに越したことはありませんが、人間ですのでどうしてもミスを起こしてしまうこともあります。また、店内の別の人が起こしたミスを渉外担当者が謝るというケースもあるでしょう。

このようなときに、**最初から経緯や原因を話すと、相手にとっては言い訳をしているように聞こえてしまいます。まずはしっかりと謝り、相手の反応を見ながら、経緯や原因を話すようにしましょう。**

法人渉外編

PART2

新規開拓先での「ものの言い方」

1 面談申込、アポ取りでの「ものの言い方」
2 初回訪問時の「ものの言い方」
3 よくある断り文句に対する「ものの言い方」
4 ２回目訪問以降の「ものの言い方」
5 小売業・サービス業店舗での「ものの言い方」

第1章　面談申込、アポ取りでの「ものの言い方」

場面　飛び込み訪問で面会を申し込む

「社長さまにお目にかかりたいのですが、お取り次ぎいただけませんでしょうか」

飛び込み訪問で、受付や事務員の方に社長への面会をお願いする言い方です。スムーズに取り次いでいただければいいのですが、中にはアポイントがないと門前払いをされることもあります。そのようなときには、次の会話例のように続け、電話でアポイントをいただく方向で話を進めます。

会話例

担当者　失礼いたします。お世話になっております。私、近代銀行の渋井と申します（名刺を差し出す）。社長さまにお目にかかりたいのですが、お取り次ぎいただけませんでしょうか。

受付　どのようなご用件でしょうか。

担当者　私ども近代銀行のご紹介とご挨拶で参りました。

受付　失礼ですが、お約束はございますか。

担当者　いいえ、お約束はいただいておりません。

受付　お約束のない方はお断りするように言われております。

担当者　さようでございますか。では、次回はお約束をいただいてから参ります。恐縮ですが、名刺を社長さまにお渡しいただけませんでしょうか。社長さまにお電話させていただき、アポイントをいただきたいと思います。ぜひその旨をお伝えください。お願いいたします。

受付　承りました。

担当者　それでは失礼いたします。

面会を申し込む相手は、上場企業等の大企業を除き、基本的には社長にします。

経理担当者が出てきたらそれは仕方ありませんが、まずは社長との面談を申し込みましょう。

経理担当者は、基本的にはよほどのことがない限り、取引銀行を増やしたくないのが本音です。なぜなら管理の手間が増えるからです。一方で社長は、会社の経営に役立つと思えば、取引銀行を増やすことを前向きに検討してくれます。

仮に入り口段階での交渉相手が経理担当者だとしても、早めのタイミングで社長と会わせていただけるように「一度社長さまにもご挨拶させていただけないでしょうか」と申し入れます。

具体的な案件や情報提供のネタがあれば、それを理由に使えばいいでしょう。もしネタがなければ、課長など上司を帯同することを理由に以下のように言います。

「一度、私の上司を御社に連れてまいりたいのですが、その際はぜひ社長さまにもお目にかかれませんでしょうか」

場面 電話で面会を申し込む

「明日の午前中などはいかがでしょうか」

飛び込み訪問では社長に会ってもらえなかった先に、今度は電話でアポイントをとる。その際のフレーズです。

明日のアポイントをお願いするというのは、急ぎすぎだと思われるかもしれませんが、実際はそのほうがアポイントを取りやすい可能性があります。

なぜなら、社長は忙しい立場であり、後から後から新しい予定が入ってきます。ですが、だからといって、必ずしも2週間も3週間も予定がびっしりと埋まっているとは限りません。もしかしたら、明日空き時間があって、明日のほうがありがたい、極端な場合には、今日これからが都合がいい、ということもあります。

また、社長にとって新規の金融機関との面談は、優先順位としては低い位置にあります。どうしても会わなくてはいけない相手ではありません。そのような優先順位の低い相手との予定を、1週間先とか2週間先に入れるのには躊躇します。なぜなら、あとから主要販売先との打ち合わせなど、優先順位の高い面会の申し入れが入ったときに困るからです。

そうしたことを考えると、翌日のアポイントをお願いするというのは、決して無茶な話ではないのです。

以下で、電話でアポイントのお願いをするトークの流れを見てみましょう。

会話例（電話で）

担当者　私、近代銀行の渋井と申します。本日は突然お邪魔させていただき、失礼いたしました。

社長　いえいえ。こちらこそ失礼いたしました。

担当者　早速ですが、私ども近代銀行のご紹介を兼ねて、ご挨拶に伺いたいのですが、いかがでしょうか。

社長　いまのところ、近代銀行さんへの用事はないのですが。

担当者　はい。実は、私どもでは地域の企業さまの事業の発展をお手伝いする活動を強化しておりまして、ぜひ社長さまにもご案内させていただければと思っております。（間髪いれず）短時間、10分でも15分でも結構ですから、ぜひお時間をいただけませんでしょうか。

社長　そうですか。そこまでおっしゃるなら……。では、いつごろがよろしいでしょうか。

担当者　明日の午前中などはいかがでしょうか（なるべく早めの具体的な日時を提示）

社長　では、明日の午前10時ということでお待ちしております。

担当者　ありがとうございます。失礼いたします。

この会話例の中には、いくつかポイントがあります。まず、**社長から「用事はないのですが」と言われた返しに「はい」と言い、否定せずに受け入れ、「実は」とこちらの用件を話します。それから、相手の反応を待たずに、間髪いれず会う時間**

をもらいたいと迫ります。その際に、アポイントの時間として、できるだけ早めの具体的な日時を提示するわけです。

早めの日のアポイントの申し入れはやったことがない方も多いかもしれませんが、案外受け入れてもらえることも多いものです。**まずは早めの日を言ってみてください**。それで社長が、もう少し先の日のほうが都合がいいようであれば、先の日でアポイントを設定します。

場面 社長には会えたが、迷惑そうにされた

「本日は、社長さまのお名刺を頂戴できただけでも光栄です。では、改めてアポイント（お約束）を入れさせていただいたらご迷惑ですか？」

新規先に行ってドアを開き、一番手前に座っている人に「社長さまにお取り次ぎをお願いします」と言ったら、奥の机に座っていた社長が、面倒くさそうに立ってきて、何とか名刺交換だけはできた。でもすぐに、「今は忙しいから勘弁して」「うちに来ても無駄だよ」「今のところ間に合っているよ」と言われてしまった――これはそんなときの切り返しトークです。

新規先に行くと、運よく社長に会えても迷惑そうにされることが多々あります。そんな時、「そうですか、すみません」と言って引きさがるのか、それとも、何と

か本格的な面談につなげられるような切り返しをするのか。この違いは業績にずいぶんと大きな差を付けることになります。

こうした場合に、面談の可能性を広げる言い方があります。

「本日は、社長さまのお名刺を頂戴できただけでも光栄です。では、改めてアポイントを入れさせていただいたらご迷惑ですか?」と聞いてみてください。「ご迷惑ですか」と聞いて「迷惑です」とハッキリ言われたら、もうその会社はスッパリとあきらめましょう。

普通の常識的な社長であれば、「迷惑ってわけではないけど、取引するつもりはないから、時間の無駄だよ」といったように返してきます。そこで、**「すぐにお取引が難しいのはよく理解しておりますので、ぜひ短時間でも、お話だけさせていただきたいと思います」**と切り返します。すると、「そこまで言うんだったら」と多くの社長は言ってくれるはずです。

もちろん、それで100%OKにはなりません。しかし、これを言わないと再会できる可能性は限りなくゼロに近くなりますし、これを言えば3～4割まで再会の可能性は高くなります。

そして、すぐにアポイントの日時を決めます。その場合、「ご訪問の日時ですが、いつがご都合よろしいでしょうか？」と言うのと、「たとえば火曜日の10時ごろか、水曜日の午後1時ごろではいかがでしょうか？」と言うのと、どちらがいいでしょうか。

もちろん後者のほうですよね。「いつがいいですか」では、「忙しくてしばらく無理。都合がよくなったらこっちから連絡するから」と言われる可能性が高く、結局連絡をもらえないことになりがちです。

そこで具体的な日にちを言うのです。そのほうがOKはもらいやすいと言えます。もしその日がダメなら、「木曜なら空いているよ」となる可能性も出てきます。

会話例

担当者　お名刺をいただき、ありがとうございます。これから少しお話をうかがうお時間を頂戴できませんでしょうか。

社長　今は忙しいから勘弁してくれないかな。

担当者　かしこまりました。本日は、社長さまのお名刺を頂戴できただけでも光栄です。では、改めてアポイントを入れさせていただいたらご迷惑ですか？

社長　迷惑じゃないけど、あんまりいい話はできないよ。

担当者　それでも結構です。ぜひ今度お話だけでもさせてください。

社長　分かったよ。

担当者　ご訪問の日時ですが、来週火曜の午前中か、水曜の午後はいかがでしょうか？

社長　火曜も水曜も詰まっているけど、金曜ならいつでも大丈夫だ。

担当者　承知いたしました。では金曜日の10時にお邪魔させていただきたいと思います。

社長　分かった、空けておくよ。

担当者　ありがとうございます。では失礼いたします。

場面 **アポイントを渋る方を気軽にさせる**

「仮のご予定（アポイント）で結構ですので、来週前半のどこかで15分だけお時間をいただけませんでしょうか。もし、何か別の御用が入りましたらそちらを優先していただいて結構です。念のため、当日朝にお電話を入れさせていただきます」

どうしてもアポイントを渋る社長には、仮アポという手もあります。**アポイントの変更や取り消しが自由である気軽さを相手に訴え、心理的なハードルを下げるの**です。経験上、実際にアポイントが変更や取り消しになることはほとんどありません。

場面 ガードが固い先を見極める

「一回だけチャンスをください」

新規推進先で何度訪問しても面談できなかったり、電話でのアポ取りでも社長からハッキリと断られたりして、これからも継続的にアタックしていいものか、そろそろ推進対象から外したほうがいいのか迷っている――。そんな先の最後の見極めのときに使うフレーズです。

「一回だけチャンスをください。それで社長のお眼鏡にかなわないようでしたら、すっぱりとあきらめます」と言えば、何割かの社長は「そこまで言うなら」とか、「面白い人だな」と思って会ってくださいますし、それでも断られたら、もう可能性はないとみて、推進対象から外す判断材料になります。

場面 少々無理をしてアポイントを入れていただいた

「○月○日の○時ですね。お忙しいところ誠にありがとうございます。お目にかかれるのを楽しみにしております」

忙しいところをやや強引にアポを入れていただいたときは、特に丁寧にお礼を言いましょう。

第2章　初回訪問時の「ものの言い方」

場面　何度も訪問してやっと会ってもらった

「ぜひ一度お目にかかりたいと思い、何度もお邪魔させていただいておりました。こうしてお会いすることができ本当にうれしく思います。誠にありがとうございます」

何度も訪問してやっと社長と面会ができたときのトーク例です。**やや大げさに言うくらいのほうが相手に熱意が伝わります。**

もし、何度訪問したか覚えているようなら、「昨年秋から訪問を始めさせていただき、今日がちょうど20度目の訪問になります」などと言ってもいいでしょう。

初回面談での第一印象は、そのあと取引につなげられるかどうかを左右する重要な一瞬です。このフレーズを軽く声に出して練習してから、会社に入って行きましょう。

場面 自社ビルを案内されているとき

「とても立派な建物ですが、いつ建てられたのですか」

自社ビルと分かっている会社で、建物の中を歩いているときに使うほめ言葉です。歩いているときに無言になるとやや気まずい雰囲気になりますので、このような軽い雑談を振ってみましょう。

きれいな新しい建物であれば、「とてもきれいな建物ですが、建築されたのは最近ですか」といった言い方になります。

場面 最初の会話の取っ掛かり

「御社は○○関連の業界と存じますが、最近の景気はいかがですか？」

新規先との会話の取っ掛かりの言い方です。

このように言えば、「いい」とか「悪い」とかの返事があるでしょうから、「いい」と言われたら、「それはそれは、ご盛業で素晴らしいですね。ちなみに、どのあたりのお客さま（商品）が特に好調なのですか？」と聞きます。

「悪い」と言われれば、「各社さまともやはり厳しい状況のようですが、その中でお客さまの開拓や新商品の開発などは、どのように進めていらっしゃるのですか？」と聞きます。

あまりよくないと言われたときには、「他社さんも厳しいですよ」と言うのが礼儀です。

場面 メイン行を探る

「メインはA銀行さんあたりですか？」

法人顧客の場合、ホームページや外部資料、過去のヒアリング情報等から、メイン行は大体分かっていると思います。それは社長も承知していることが多いので、具体名を出して聞いてもそれほど不審に思われることはありません。

実践したいのは、**こちらがメイン行の名前を出したときの社長の反応をしっかり見るということです。**

メイン行といっても、定期的な訪問や情報提供が行われておらず、取引が疎遠になっていることやトラブルが発生していることもありえます。そのような場合には一瞬戸惑いの表情を浮かべたり、困った顔をすることがあります。そうした表情の変化を見逃さないように、しっかりと観察しましょう。

場面 メイン行の話を自行のサービスを紹介するきっかけに

「私どももお客さまのお役に立つ情報のご提供には力を入れておりまして、その点ではA銀行さんにもひけを取らないつもりです」

メイン行のことを話題に振っても、先方から詳しく話さない限り、最初のうちから詳細な取引状況を聞くのは避けたほうが無難です。

また、メイン行に悪い評判があったとしてもメイン行をけなすことはやめておきましょう。他人をけなして自分を上に置くのは、ビジネスシーンではよい行為とはいえません。

あくまでも「他行庫もいいですが我々も頑張っています」というスタンスで、自行庫のサービスをしっかりアピールしましょう。

場面 **取扱商品について聞く**

「お取扱いの商品ですが、ホームページで拝見したところ、機械部品のようですね。どんな製品に使われるものなのですか」

新規訪問の際には、ある程度会社のことを調べてから訪問するのが礼儀です。特にホームページを開設している場合には、企業概要、沿革、取扱商品など、主要なページに目をとおし、概略を理解しておくとともに、質問事項も用意しておきましょう。それで本気度が伝わります。

最初の質問で無難なのは商品に関するものです。**企業概要や沿革の中には社長が話しにくい内容が含まれることもありますので、それらについては、少し場がこなれてから聞くほうがベター**です。商品に関する質問は、金融機関以外の人からも受けることが多く、社長も答え慣れていますし、企業の実態把握にもつながります。

場面 大口販売先との取引についてヒアリングする

「B社様とはどのようなきっかけでおつき合いを始められたのですか」

売上を支えている大口販売先との取引は、企業にとって非常に大切なものです。**現在の取引状況を聞き出す前に、まずは最初のきっかけを聞いてみましょう。**

現状の取引は、たとえば値下げ要求を受けているなど、困っていることも多いかもしれません。しかし、過去のこと、特に取引のきっかけとなったことであればいいイメージを持っているはずですので、比較的スムーズに話をしてくれます。

場面 保有する技術についてヒアリングする

「（大口販売先の）B社様は御社の技術力や対応力をご評価されているのでしょうね。何か特別な技術などおありなのですか」

大手企業の下請製造業などの場合、品質や納期、コスト対応力などで親会社からの厳しい要求にさらされています。しかし、そうした中で、独自の技術を磨いたり、きめ細やかな対応で信頼を勝ち取っている中小企業もたくさん存在します。社長はそうした点に自信や誇りを持っているものですので、ぜひ質問を投げかけてみましょう。

場面 **宿題をいただき、次回アポを入れる**

「調べて次回資料をお持ちします。来週の○○あたりのご都合はいかがでしょうか」

1回目の訪問での最重要事項は、2回目訪問のネタ＝宿題をいただくことと、2回目訪問のアポ取りです。ですから、**会話の中で何でもいいので「調べて次回資料をお持ちします」と言えることがないか、神経を集中して聞きます。場合によっては、1回目で手持ちのネタをすべて出さずに、次回のネタとして取っておくこともあります。**

たとえば、社長から聞かれて、自分がその場ですぐに答えられることがあったとします。しかし、それをその場で答えてしまっては、2回目のネタにできません。知らないふりをすれば、2回目のネタにできます。つまり、宿題にすることができます。

「バイパス沿いに何か大きな建物が建っているけど、あれは何の施設かな」と聞かれたとしましょう。「あれはどこどこの本社ビルみたいですよ」と答えてしまえばそれっきりです。

しかし、知っていたとしても、「ちょっと分からないので調べてきます」と答えて、「何か気になることでもおありですか」と聞けば、「いやあ、うちは企業向けの商売だから、あのビルをどこかの会社が建てているんだったら、何かうちでも商売にならないかなと思っているんだ」というように返してくれるかもしれません。

もし、ビルを建てている会社が自店の取引先なら、ビジネスマッチングや資金需要につながる可能性もあります。

場面 2回目訪問のためのネタが見当たらない

「今度、私なりに○○業界の現状をまとめたレポートをお持ちしたいと思います。来週の○○あたりのご都合はいかがでしょうか」

前項で述べたケースのように、何か無理矢理でも社長から宿題をもらえれば最高です。もうその瞬間に2回目の訪問の許可をもらったようなものですから、その日はもうそこで、会社を出てきても大丈夫です。

問題は、どう注意深く聞いても、宿題がもらえないときです。社長があまりしゃべらなかったり、慎重なタイプであるケースなどでは、そうしたこともありがちです。だからと言って、次のネタがないまま手ぶらで2回目訪問し、1回目の話の続きをしているようでは、忙しい社長に対し失礼になってしまいます。

2回目訪問のネタをもらえない場合は、こちらで作るしかありません。「今度、私なりに○○業界の現状をまとめたレポートをお持ちしたいと思います」といった投げかけを行いましょう。

話し方のポイントとしては、**レポートが必要か不要かはあえて聞かず、間を空けずにアポイントを申し入れる**ことです。

場面 相手の会社を持ち上げる

「○○市（町）を代表する企業である御社と取引がないというのでは、我々の支店の存在意義も問われます。今後、何らかのお役に立ち、お取引をいただけるように、精一杯がんばってまいります」

自他ともに認める地域を代表するような有力企業で、未取引となっている会社との面談で使うトークです。**あまり有力でない会社に対して使うと逆効果になりますから、相手を選んで使いましょう。**

バリエーションとして、業歴の長い、歴史のある会社に対しては、「○○市（町）でもとりわけ業歴の長い御社との取引がないというのでは、我々の支店の存在意義も問われます。今後……」

といった言い方にするといいでしょう。

また、比較的新しい会社、業歴の浅い会社には、

「○○市（町）でも最近特に勢いのある御社との取引がないというのでは、我々の支店の存在意義も問われます。今後……」

といった言い方にします。

場面 周年記念を話題にして取引を依頼する

「来年の3月は、御社の20周年の記念日になるのですね。そのときは、ぜひ取引銀行の立場からお祝いを言わせてください」

新規開拓対象先で、何度か社長と面談している会社があったとします。たとえば来年の3月がその会社の20周年の記念日になると分かっていたら、こんなふうに言ってみたらどうでしょうか。

「何とか今期中に新規取引をしてください」というよりも、気が利いていてスマートな印象を持たれるでしょう。

場面 過去のトラブルを聞き出す

「お叱りを承知でおうかがいしたいのですが、当行との過去のお取引の経緯について教えていただけませんでしょうか」

過去にトラブルがあって取引がなくなった先に取引の復活を持ちかけたいが、過去のトラブルの詳細を店内資料で調べても分からないということがあると思います。

そんなときには、思い切って社長に聞くしかありません。たぶんいい顔をされないと思いますし、お怒りになる方もいらっしゃるかもしれません。

ただ、ある程度年数が経っていれば、金融機関に対する気持ちも変わっている可能性があります。勇気を持って質問してみましょう。

場面 会話が途切れたとき

「失礼ですが、社長さまは当地のご出身でいらっしゃいますか」

会話が途切れたときの比較的無難な質問です。特に、言葉遣いが地元の言葉遣いで、自分も地元出身の場合には、同じ学校出身だったり、共通の知り合いがいるかもしれません。

第3章

よくある断り文句に対する「ものの言い方」

場面　「現状の銀行取引で間に合っている」と言われた

「御社ほどの会社さんでしたら、いい条件でお取引されていらっしゃるんでしょうね」

交渉の入り口段階で、「今つき合っている銀行で十分間に合っているよ」「取引銀行を増やすつもりはありません」と言われることも多いと思います。これらは、断りの決まり文句のようなものです。

それに対して、「はい、そうですか」と言ってしまっては、後が続きません。そんなとき、とっさに切り返しの言葉が出るとアプローチもしやすくなるはずです。

「御社ほどの会社さんでしたら、いい条件でお取引されていらっしゃるんでしょうね」というのは、**会話の主導権を握るために、こちらから質問をしてしまう切り返しトーク**です。ほかの切り返しトークもいくつかご紹介しておきましょう。

「メイン行さんは御社のご商売に役に立つような情報もいろいろと持ってこられるんでしょうね」

「○○銀行さんはいい銀行さんですから、ご満足されていらっしゃるかもしれませんが、私どもも負けずにいいご提案をさせていただきたいと思っております。ただ、私ども金融機関は、お客さまのご商売の中身をうかがってからでないと、具体的なご提案が難しい部分もございます。まずはいろいろと情報交換といいますか、業界や御社のことをご教示いただいたり、私どもも地域の情報などもございますので、少しでもそのあたりのことをお話しさせていただけませんでしょうか」

このような言い方により、**無理に何かを売りつけようとかしているわけではなく、最初はあくまで話を聞かせていただいて、そのうえでニーズがあれば適切な提案をさせていただきます、ということを伝えるようにします。**

場面 「特に借入の必要はない」と言われた
「ご資金に余裕があるのは何よりです」

「現状、特に資金ニーズはない。もう来ないでほしい」という断り文句に対し、切り返す言い方です。

借入の必要がないということは資金繰りが安定しているということであり、会社としてはいいことですから、まず、「それは何よりです」とクッショントークを入れます。

最初から「そうは言っても将来は分かりませんよね」などと、相手の言うことをいきなり否定してはいけません。まずは相手を肯定して、こちらのペースに徐々に引き込んでいきます。そのうえで最後は、継続訪問の許可をいただく方向にもっていきます。

「ご資金に余裕があるのは何よりです。いまはご資金が不要ということでしたら、ご資金以外での情報のご提供や経営上のご支援をさせていただきたいと思っております。なにとぞ、引き続きの訪問をお許しいただけませんでしょうか」といった具合です。

また、**訪問のハードルを低くしてしまう方法**もあります。たとえば、「毎月弊行で発行している情報誌がございまして、ご参考になる部分もあるかと思いますので、それをお届けすることだけご了承いただけませんでしょうか」という言い方をして、継続訪問の許可を得るわけです。

場面

「おたくと取引して何かメリットはあるの？」と言われた

「社長さまは、どんなメリットをお求めですか」

「おたくと取引して何かメリットがあるの？」と質問された場合、一般的には「こまめに訪問させていただきます」、あるいは「融資だけでなく、お客さまや仕入先の紹介など、経営に役立つ情報提供をさせていただきます」といった返答を使うことが多いと思います。

そのような返答ももちろんいいのですが、**一度、逆質問により、どんなメリットを求めているのかを聞いてみてください。すると、現取引金融機関への「不満」が出てくるケースが多いのです。**

なぜかというと、金融機関に期待するメリットなどと言われても、そんなことを社長は普段あまり考えていませんので、すぐに答えが思い浮かびません。しかし、金融機関に対する不満は大なり小なり持っているものですから、それが口からつい出てしまうのです。

たとえば「スピード感が欲しいね」と言われたら、現取引行の回答や反応が遅いということが考えられます。それに対して、「具体的に言うとどういうことでしょうか」と聞くと、「実は融資の申込みに対する回答に時間がかかるんだ」などと聞き出すことができますから、自行庫のスピード対応をアピールします。

このように、現取引金融機関への不満を聞き出すことで、自行庫をアピールする際のポイントが明確になります。

最初は細かい具体的な内容ではなく、キーワードで発せられることが多いので、キーワードを聞き逃さず、それを深掘りする形で聞いていきましょう。

場面　「うちなんかより、もっといい会社に行ったら」と言われた

「私どもといたしましては、地域のお客さまに広くご利用いただきたいと思っておりまして、こうして1件、1件お邪魔させていただいております」

これは、自社をわざと低い位置に置いて、担当者の反応を試すときに使われる言葉に対する返答です。

「うちみたいな（小さな・儲かっていない）ところに来ないで、もっといい（大きな・儲かっている）ところに行きなよ」

「おたくの銀行さんは手堅いから、うちみたいに小さくて、いつどうなるか分からない会社は相手にしてくれないんじゃないの」

といった言い方をする社長は少なくありません。

これは、半分ホンネ、半分謙遜で言っていることが多いのですが、**「大きい・小さい」「儲かっている・儲かっていない」**については言及せず、**「地域の皆さんはどなたでもお客さまです」というスタンスで返答する**とよいでしょう。

場面 「じゃあ1000万円くらい貸してくれる?」と言われた

「ご資金がご入り用ということは、景気がいいんですね。詳しくお聞かせいただけませんか」

「じゃあ1000万円くらい貸してくれる?」というのは、社長としてはもちろん、半分冗談で言っていると思われます。

これに対し、オーソドックスには「審査をさせていただきたいので、決算書3期分を頂戴できますか」という答えになるかもしれませんが、それでは決算書を出さないの話になってしまいがちです。

ここでは、決算書の話をする前に、実態把握の意味で具体的な資金需要があるかどうかを聞いてみましょう。冗談半分の話とはいえ、真面目に聞くことで真面目に答えてくれる社長もたくさんいます。

「じゃあ1000万円くらい貸してくれる？」という会社には2つのケースがあり、1つは業績が悪く、やや投げやりになっているケースです。もう1つは、業績好調で前向きな資金需要が発生しているケースです。

事前調査である程度は業況を把握しておき、さらには会社の雰囲気（社員の様子、活気、整理・整とん、掃除の状態など）も見て、どちらのケースかを判断します。

もし、地元の優良企業などで、業績好調とはっきり分かっている場合には、思い切って「1000万円といわず、5000万円、1億円ではどうですか」と切り直す方法もあります。

場面 「いま金融機関関係の取引を整理しているところだ」と言われた

「では、条件を提示させていただきますので、その対象に当行も加えていただけませんか?」

これは、「取引している金融機関の数が多くて、いまちょうど金融機関関係の取引を整理しようとしていたところなんですよ。とても新規で付き合うようなタイミングではありません」と言われたときに使う返答です。この断り文句もよく出てきますが、実際に整理をしている人は少なく、ほとんどの社長は単なる断り文句で使っています。

ただし、「それって本当ですか?」と疑うわけにはいきませんので、本当に整理を検討しているという前提で、「自行庫も条件を出させていただきます」と返します。

場面

帰り際に消極的なことを言われた
「話を聞いていただけただけでも光栄です」

面談が終わって、帰り際に相手から、「あまりお役に立てそうもありませんが」などと取引に消極的な反応を示されたときや、「期待しないで」という意味のクギを刺されたときに返す言葉です。

初対面や関係が薄い相手に「そうおっしゃらずにご検討ください」「そこを何とかお願いします」などと言うと押しつけがましい印象になってしまいます。

ここは「光栄です」と謙虚さを見せたほうが、あとあとよい結果につながることも多いものです。

「お目にかかれただけでも光栄です」という言い方もあります。

第4章 2回目訪問以降の「ものの言い方」

場面 決算書を依頼する

「ぜひ何らかの形で御社のお役に立たせていただきたいと思います。つきましては、ぜひ決算書を一度拝見させていただきたいのですが、いかがでしょうか。その中で何らかのご提案ができればと思っております」

新規先との交渉で一つのハードルとなるのが決算書の入手です。決算書を出すことは、社長の立場では、高い確度で取引をしてもいいという意思表明になります。

ぜひ出していただけるように、背筋を伸ばして真剣な表情で訴えかけましょう。

依頼される立場の社長からすると、自信なさそうに、申し訳なさそうに言われれば、「この人、頼りないな」という印象をその担当者に対して持つことになります。

反対に**目をしっかり見られて、熱意を込めて依頼されると、「よし、分かった」という気持ちになるものです。**

依頼する際の言葉の遣い方はもちろん大事ですが、そうした「言い方」（態度、表情等）にも十分気を配る必要があります。

場面 上司との同行訪問を申し出る

「私の上司に社長さまとのご面会内容を報告しておりましたら、上司がぜひ一度お目にかかって、会社経営のことをご教示いただきたい（社長さまにご挨拶をさせていただきたい）と申しております。大変お忙しいところ恐縮ですが、お時間を作っていただけませんでしょうか」

新規先に対しては、支店長や課長などの管理職が稟議書作成前に経営者と面会することになっているはずです。

金融機関としては、その先が融資先として相応しいかどうかを判断するのが大きな目的ですが、社長には、**「ご挨拶させていただきたい」「ご教示いただきたい」というこ**とで**依頼**しましょう。

場面 融資条件や書類の中身を説明する

「ご融資の条件についてご説明させていただきます。何かご不明な点などございましたら、途中でも何なりとお申し付けくださ い」

融資条件や契約書類の内容をきちんと説明しておかないと後々大きなトラブルになることもあります。

「ご契約内容について、お互いの認識を一致させておきたいので、恐縮ですがお付き合いください」などと付け加えてもいいでしょう。

場面 融資実行の報告を行う

「無事に融資を実行させていただきました。誠にありがとうございます。これからがお取引の本番だと思っております。引き続きよろしくお願いいたします」

単純な手形書換えや、頻繁に借換資金が発生する会社の場合は別ですが、たとえ既存先であっても、大口の設備資金を実行したあとは計算書を持参するなどして実行の報告を行います。ましてや純新規先に初めて融資を実行した場合には、その報告をしっかり行うことが大切です。

報告と御礼を申しあげたら、加えて、**これからが取引の本番であることを伝えます。**

新規先の場合、実行後に訪問回数が減り、フォローが少なくなることを心配している社長も多いものです。そうした不安をやわらげるためにも、これからが本番で引き続き訪問しますと表明しましょう。

なお、融資実行の報告時は、社員取引や取引先の紹介をお願いするのにもいいタイミングとなります。

第5章

小売業・サービス業店舗での「ものの言い方」

場面 飛び込み訪問での最初の声かけ

「こんにちは。お仕事中恐縮です。近代信用金庫と申します。お客さまでなくて申し訳ございません」

商店街にある個人向けの小売業・サービス業は、店を開けている時間帯であれば、飛び込み訪問でも経営者に会えます。

ただし逆に言えば、金融機関だけでなく様々な業種の営業マンが入ってきますし、何より、その店の大切なお客さまが来店されるわけですから、より気を配った対応が必要です。

混雑していたり、店の方が接客をしているときの訪問は控えるべきですし、手の空いているタイミングでの訪問であっても、**仕事時間にお邪魔をすることに対し、申し訳ないという気持ちを言葉で示す**ことが大切です。

場面 飛び込み訪問での自己紹介

「私、近代信金の渋井と申しまして、この地区を担当させていただいております。本日はご挨拶で寄らせていただきました。いままで私どもの担当がお邪魔させていただいたことなどございましたでしょうか」

名刺を出して、自分が何者かの自己紹介をし、訪問目的を話し、最後に軽い質問をします。質問は簡単に答えやすいものにします。

「私どもの担当がお邪魔させていただいたことはございましたか」と聞いて、「誰も来たことはありません」とか「分かりません」と言われたら、「それは失礼いたしました。ところで…」といって次項以降にあるような質問をします。

「昔、来たことがあります」と言われたら、「何年くらい前でしょうか」とか「そのときはお付き合いは始まらなかったのですね」などと質問をして情報収集を行います。

場面 飛び込み訪問でのアプローチトーク①

「とても綺麗なお店ですが、お店を始めてどのくらいになられるのですか」

まず投げかけるのは、相手にとって答えやすい質問です。「店を始めてどれくらいになるのですか」という質問も、そうした答えやすい質問の一つといえます。

比較的新しいお店であれば、「とても綺麗なお店ですが」と言い、比較的古いお店なら「落ちついた雰囲気のお店ですが」と言って業歴を確認します。

場面 飛び込み訪問でのアプローチトーク②

「お客様はこのあたりの方が多いのですか」

これも相手にとって答えやすい質問です。

地元の人が多いという答えなら、「地元の方に愛されているのですね」と返します。「遠方の方も多いです」という答えなら、「遠くにもファンの方がいらっしゃるのですね」と返します。

場面 飛び込み訪問でのアプローチトーク③

「今日は仕事中ですので無理なのですが、一度休みのときに寄ってみてもいいですか」

食堂やレストラン、美容院、理髪店などに訪問したときは、**個人的に利用してみたいという気持ちを伝えましょう。**

相手は社交辞令と思いますので、取引の推進ができそうなら実際に**一度行ってみると喜ばれます。**

場面 取引金融機関について質問する

「ところで、立ち入った話で恐縮ですが、現在はどちらの金融機関さんをご利用されていらっしゃるのでしょうか。ここから近いところですと東西銀行さんですか」

「どこの金融機関をご利用ですか」と聞かれると答えにくいものです。一番近い金融機関名を出して反応を探るとよいでしょう。

このあたりの会話の流れと注意点を、以下にまとめて見ておきます。

会話例（商店街にある美容院への訪問）

担当者　こんにちは、お仕事中恐縮です。
社長　いらっしゃいませ。
担当者　近代信用金庫と申します。お客さまでなくて申し訳ございません。恐れ入りますが、社長さま（代表者の方）はおいでになりますでしょうか。
社長　私ですが。
担当者　失礼いたしました。私、近代信金の渋井と申しまして、この地区を担当させていただいております。本日はご挨拶で寄らせていただきました。いままで私どもの担当がお邪魔させていただいたことなどございましたでしょうか。（簡単に答えやすい質問をする）
社長　近代信金さんですか。いやー記憶にないですね。
担当者　それは大変失礼いたしました。あのー、とても綺麗なお店ですが、お店を始めてどのくらいになられるのですか。（これも比較的簡単に答えやすい質問）

社長　えーっと、2年半になります。
担当者　さようですか。競争の厳しい中で（ライバル店もたくさんあるのに）、順調にお店を続けていらっしゃるってすごいですね。お客様はこのあたりの方が多いのですか。（ほめたあと、簡単に答えやすい質問）
社長　ええ、このあたりにお住まいの方やお勤めの方が多いですよ。
担当者　今日は仕事中ですので無理なのですが、一度休みのときにカットをお願いしてもいいですか。（社交辞令）
社長　どうぞどうぞ。ぜひ、いらしてください。
担当者　ところで、立ち入った話で恐縮ですが、現在はどちらの金融機関さんをご利用されていらっしゃるのでしょうか。ここから近いところですとX銀行さんですか。（徐々に本格的に知りたい質問に移行する。適当にあたりをつけて言った方がいい）
社長　ええ、そうです。
担当者　新規開業された方の場合、3年目くらいで新たにお借入を起こされる方も多いのですが、社長さまのところ（会社、お店）はいかがですか。お借入

のご入り用などございませんでしょうか。（他の会社を引き合いに出して、軽く資金ニーズを振る）

社長　いやー、いまのところは特にありませんね。（本当はあっても、初対面では「ない」と言うのが普通。このときの表情をよく観察する）

場面 商品案内を行う

「最後に一つだけご案内させてください」

会話、ヒアリングを重ね、推進したい商品の案内をします。**小規模事業者向けのローン商品や保証協会付の制度融資などが無難です。**パンフレットを見せながら1～2分で概要を説明します。

初対面から「借りたい」という方はほとんどいませんので、反応が薄くても気にすることはありません。そのときは次回訪問でもう一度プッシュしてみます。

場面 再訪問する場合の都合を尋ねる

「またぜひお邪魔させていただきたいと思いますが、比較的お手すきになる曜日や時間帯などはございますか」

お店を開いていると、忙しい曜日や時間帯があるものです。忙しい時間帯に訪問すると先方に失礼ですし、商談もできません。必ず、手すきになるタイミングを聞いておきましょう。

場面 サービス業、小売業の店に再訪問する

「また押しかけてしまって申し訳ございません」

再訪問したとき、あいさつの次に付け加えます。

先方から呼ばれたわけではなく、こちらの都合で訪問しているのですから、申し訳ないという気持ちを伝えます。

個人渉外編

1 初回声かけ時の「ものの言い方」
2 お客さまとの距離を縮める「ものの言い方」
3 スムーズな面談のための「ものの言い方」
4 情報収集のための「ものの言い方」

第1章　初回声かけ時の「ものの言い方」

場面　インターフォンであいさつする

「こんにちは、○○銀行と申します。本日はお得な△△キャンペーンのご案内で参りました。少しだけお時間いただけないでしょうか」

個人宅でインターフォン越しに話をする場合の第一声の基本パターンです。**話す順番は「自己紹介」→「訪問目的」→「依頼事項」**です。

まずは「こんにちは、〇〇と申します」。これにより、自分がどこの誰なのかを明確にします。次が訪問目的で、自分が何をしにきたのかを説明します。最後に、あなたにどうしてほしいのかという依頼事項を述べます。

では、この3つを一気に言ってしまうのと、3つを区切り区切り丁寧に言うのとでは、どちらが面談の確率が高いでしょうか。

結論は、**一気に言ってしまったほうが面談できる確率は高くなります。** 区切り区切り言うと、お客さまはそのそれぞれに対して何らかの反応を示します。

たとえば、「〇〇銀行と申します」と言うと、「うちは関係ありません」とか「銀行は間に合っています」とか、ほぼ間違いなくネガティブ・否定的な反応が返ってきますから、そのネガティブ反応を乗り越える必要があります。

仮にそこを乗り切ったとしても、次の「ボーナスキャンペーンのご案内（あるいは、お得な住宅ローンの借換えのご案内等）で参りました」に対して、また「ウチはボーナスなんて出ませんから」とか「そんな余裕ないので」といったネガティブ反応が返ってきますから、そこを乗り切らなければなりません。

さらに最後に「少しだけお時間をいただけないでしょうか」と聞くと、「いまは忙しいです」とたいていは返ってきます。

つまり、**区切り区切り言うと、ハードルを3つを越える必要が出てくる**わけです。

一方、これを一気に言ってしまえば、お客さまは最後の「少しだけお時間をいただけないでしょうか」だけに反応して「いまは忙しいです」と返してきますので、その一点だけ突破すればOKになります。

最後の一点を突破するには、心を込めて、「何とか1～2分でも結構ですので、よろしくお願いします」と依頼します。もちろんそれで100％OKにはなりませんが、10軒のうち数軒は出てきていただけます。

インターフォンで伝える内容は、この3点セットで必要かつ十分です。これ以上でもこれ以下でもいけません。

また、**インターフォン越しの会話では、しゃべり過ぎは禁物**です。特に預金金利や借入金利などの細かい数字を話しても、お客さまはほとんど理解ができません。

たとえば「キャンペーン期間中の金利は1年定期が○○％で、3年定期が△△％です」と言われても、それがどの程度のものなのか、理解できるお客さまはほとんどいないでしょう。細かい数字は、面談の中でパンフレットなどを使いながら、お客さまが目で見て理解できる形で説明しなければいけません。

インターフォン越しの会話でのNGワードは「パンフレット（資料）を見ていただきたい」「パンフレット（資料）をお渡ししたい」です。

これだと「ポストに入れておいてください」で終わってしまいますから、自ら面談の機会を無くしてしまうようなものです。

場面 インターフォンで反応がなかったとき
「○○さま、おいでではないでしょうか」

インターフォンを鳴らしても何の反応も返ってこないことがあります。留守か、もしくは居留守です。そんなとき、皆さんはどうしていますか。たぶん多くの方はそのまま次のお宅に向かうか、パンフレットを入れるだけだと思います。

やっていただきたいのは、**インターフォンを押しても反応がない場合、10〜15秒ほど経ったらもう一度インターフォンを押して話をしてみる**ことです。

「こんにちは、○○銀行と申します。（間を空ける）本日はお得な△△キャンペーンのご案内で参りました。（間を空ける）少しだけお時間をいただきたいのですが、○○さまはおいでではないでしょうか（しばらく待つ）」

最近のインターフォンは、外からボタンを押すと同時に外の声が聞こえるシステムになっています。映像つきの場合にはボタンを押すと同時に映像も見られたり、録画する機能がついたものもあります。居留守、もしくはチャイムが鳴ったのに気が付かなかったり、トイレに入っていて出られないケースなど、**チャイムでは反応がなくても、声をかけると出てきてくださるケースがあります。**

居留守の場合、映像が映って、どうやらセールスマン（セールスウーマン）のようだと判断すると、それだけではどんなセールスかは分かりませんので、とりあえず出ないという方もいます。確かに悪質なセールスマンもいますので、お客さまがそのようになるのは仕方のないことです。

ですが、そこで**こちらから「〇〇銀行です」と言えば、中には銀行ならと安心して出てきてくださる方もいらっしゃいます。**特に「お得な住宅ローンのお借換えのご案内」と聞けば、以前から興味を持っていた方なら「聞いてみるか」と思う人もいるでしょう。

セールスマンに居留守を使うのが慣れている人でも、「〇〇さまはおいでではないでしょうか」と言われると、居留守を使うことに罪悪感を感じることもあります。単に「うるさいからしょうがない。出てやるか」と思う方もいます。これで10軒の居留守や無反応のお宅のうち、2～3軒は出てきてくださいます。

場面 外に出ている方に声を掛ける

「お仕事中すみません」

取引のないご家庭などで、ご主人や奥さまが外で庭の手入れや洗車などをしていて面談できる状態にある場合は、臆せずに積極的に話しかけましょう。

「お仕事中すみません」「お取り込み中すみません」「私は○○の者ですが、少しだけお話しさせていただいてもよろしいでしょうか」などと笑顔をそえてお声かけをします。

場面 お客さまに商品案内をする

「本日ご案内する内容を簡単にご説明します」

個人宅の場合、お客さまは来訪したセールスマン等に対し、「この人は何をしにきたのか。長い時間をかけて無理に商品をすすめられるのではないか」などと警戒心を持つものです。

その警戒心を少しでもやわらげるために、笑顔をそえて「簡単に」と言うようにします。

そのうえで、訪問目的にあった推進商品の説明をします。ボーナスキャンペーンであればキャンペーン金利やプレゼント商品、特典などです。この際、その**内容をすべて細かく話すのはＮＧ**です。すべて細かく話をすると最低5分は必要になります。

人が相手の一方的な説明を聞いていられるのはせいぜい１分です。それ以上になると、話の内容はほとんど頭の中には入ってきません。心の中で「早く終わってくれないかな」と思いながら、単に聞き流すだけとなります。ですので、**どんな商品についても、1分でコンパクトに概略を説明できるように説明トークを練習しておく**必要があります。

　1分説明をしたら、こちらから質問をして、会話に移行します。たとえば「たいへん恐縮ですが、普段はどちらの銀行さんをお使いですか」「どちらかに普通預金に置きっぱなしになっている預金などはございませんか」「住宅ローンで借換えを検討したことはございますか」など簡単な質問です。

　そのうえで、その答えに応じてさらに当方の商品の有利な点を強調したり、質問を重ねて情報収集をしていきます。

場面 再訪問を申し出る

「ではまた、来週の月曜日にお邪魔させていただきますので、それまでにご検討ください」

お客さまの中には、初回面談で話を聞いた段階で「申込してもいいかな」と思ったとしても、もったいを付けたがる人がいます。プライドが高く、自分がそんな簡単に落とされる人間だと思われたくないわけです。

お客さまをしっかりと観察して、押し切って獲得するか、次回訪問での獲得を目指すかを見極めることが大切です。次回訪問で獲得を目指す場合は、間を2～3日あけて再訪問します。

また、家の方と相談しないと決められないという方もいます。その場合は、週末を挟んだ月曜日に再訪問を申し出ます。ここで取り上げたのは、そうした場合の言い方です。

第2章 お客さまとの距離を縮める「ものの言い方」

場面 窓口新規のお礼訪問

「○○さまはご在宅でしょうか。当行とお取引を始めていただいたお礼で参りました。このたびは当行とお取引をいただきありがとうございます」

窓口で新規取引を始めてくださったお客さまへのお礼訪問でのトークです。窓口新規は、お客さまが時間と費用をかけて自らお越しいただいて取引が始まるありがたいケースです。口座開設から日を空けないように、なるべく数日のうちにお礼訪問をしましょう。

ただし、ご家族には内緒で口座開設をしているケースもあります。窓口での口座開設時には、お礼訪問の可否を確認するように店内で統一しておきましょう。

言い方のポイントとしては、あくまでもお礼の訪問であり、何かを追加セールスするために来たのではないということを伝えることです。

もちろん本人から質問があったりした場合は別ですが、基本的には、お礼を言い、取引開始のきっかけを聞くくらいが無難です。

場面 久しぶりに訪問する

「ご無沙汰して申し訳ございません。昨年の定期預金キャンペーンの際にはお世話になり、ありがとうございました」

以前、キャンペーンなどで協力していただいて、そのまましばらく顔を出せなかったお客さまを訪問するのはやや気が引けるものです。ただ、いつまでも未訪問にしておくのは失礼です。特に用事がなくても時間を作って訪問してみましょう。少し申し訳ないような態度を示しつつも、こうした言い方で笑顔であいさつを行いましょう。

場面 お茶を飲んでいたりテレビを見ているところに訪問したとき

「おくつろぎのところ、恐れ入ります」

たとえば、午後の3時前後に訪問したところ、お客さまがテレビを見ながらお茶を飲んでくつろいでいたような場合には、このように声をかけましょう。

場面 お茶やお菓子を出していただいた

「どうぞお構いなく」

お茶やお菓子を出していただいたときの定番フレーズです。

「そうおっしゃらずに、ご遠慮なくどうぞ」とさらにすすめられた場合には、「では、お言葉に甘えて、遠慮なく頂戴いたします」と言って、まずはお茶からいただきます。

場面 高齢のお客さまに対し、若さをほめる①

「もう年金をお受け取りなのですか。見えませんねー」

たとえば、新規開拓やキャンペーン案内で初対面の高齢者の方にお会いしたとします。最近は60~70代でも若々しく、身なりも小奇麗にされている方が多いものです。そのような方は、健康やファッションにも気を使っていらっしゃいますし、若く見られたいという願望もお持ちです。

若さをほめたあとは、趣味について伺うなどすると、さらに話が盛り上がりやすいでしょう。

会話例

担当者　本日は夏の定期預金キャンペーンのご案内で参りました。

奥さま　うちは年金暮らしだから、余裕なんてありませんよ。
担当者　もう年金をお受け取りなのですか。見えませんねー。すごいお若いですね。
奥さま　そんなことありませんよ。あちこちガタがきて。
担当者　いやー、本当にお若いですよ。若さの秘訣ってなんですか。何か運動されていらっしゃるとか、趣味で何かやられているとか…。
奥さま　えー、実はフラダンスのサークルに入っていてね。

場面 高齢のお客さまに対し、若さをほめる②

「まだまだお元気そうじゃないですか」

お客さまから、「もう歳だから」と言われた場合の返答です。

場面 **独立している子供をほめる**

「きっとご活躍なんでしょうね」

会話の中に、すでに独立した息子さんや娘さんの話題が出てきたときに使うほめ言葉です。

本当に活躍しているかは定かではありませんが、**奥さまや旦那さまが息子や娘の話を自ら持ち出してきたときは、しっかりした職業に就いている可能性が高く、ほめてほしいと思っているサインと受け止めます。**

うれしそうにしたら、深掘りして聞いていけばいいですし、顔が曇るなどしたら早めに話題を切り上げます。

場面 ペットを飼っていた

「かわいい（大きな・元気な）ワンちゃんですね。お名前は何とおっしゃるのですか」

ペットは、いまや家族同然です。ペットを飼っているお宅では必ず名前をたずねます。**名前を聞いたらメモをしておき、次回訪問したときに、「○○ちゃん、こんにちは」とペットを名前で呼びましょう。**

ペットをかわいがっている人ほど喜びます。

場面 多弁な方を持ち上げる

「○○さまのお話はとても楽しいので、時間があっという間に経ってしまいます」

長く話をしてくださるのは、基本的には好かれている証拠です。そんなお客さまも、「長々と話をしてしまい申し訳なかったな」という気持ちを抱くケースがあります。

「長々とお引き留めしてしまって悪かったね」などと言われたことはありませんか。そんなときの返事がこの「○○様のお話はとても楽しいので、時間があっという間に経ってしまいます」です。

このように返せば、お客さまの気持ちも軽くなりますし、気が利く人だな、と思ってもらえます。

場面 頼れる自分をアピールする

「何かございましたら、何なりとお申し付けください」

お客さまに自分は頼れる人材ですとアピールするために、面談の最後のあいさつに添えたい一言です。笑顔で自信を持って堂々と言いましょう。

第3章

スムーズな面談のための「ものの言い方」

場面 初対面の方との会話が途切れてしまった

「失礼ですが、今まで当行とお取引をいただいたことがございますか」

ローラー訪問などで、初対面の方との会話が途切れてしまったときに便利な質問です。「今まで当行でお通帳を作られたことがございますか」といった言い方でもいいでしょう。

これに対し、「子どもが小学校のときに、給食費の引き落としで通帳を作りました」「昔勤めていた会社の給料の振込指定で、通帳を作ったことがあります」などの答えが出てきたら、**その際の取引のお礼を言ったり、取引経緯を聞いたりすることで、スムーズな会話や情報収集につながります。**

「ありません」という答えが返ってきたら「さようでございますか。いままでごあいさつもせずに失礼いたしました。ぜひこの機会にご案内だけでもさせてくださいい」といい、新規取引キャンペーンなどの案内をします。

場面 多弁な方との面談で用件を先に済ませる

「用件を先に済ませてしまってよろしいでしょうか」

雑談好きと分かっているお客さまを訪問した際、まずは目的の用事を済ませてしまいたい場合に使う言葉です。

雑談好きの方はこちらの都合をあまり考えずに話をする傾向があります。いつまでも本題に入れないでいると、ずるずると時間が経ってしまって次の約束が迫ってきてしまい、いつ本題を切り出そうかと焦ったりイライラしてしまいます。

用事を先に済ませてしまえば、時間の許す限り、気持ちに余裕を持って雑談の相手をすることができます。

場面 説明が難しくなりそうなとき

「話が少々専門的になりますが、分からない言葉などがあれば、説明の途中でもご遠慮なくご質問ください」

金融商品等の説明は、いくら噛み砕いて話しても、一般のお客さまには難しくなってしまうことが多いものです。また、こちらとしてはお客さまも当然知っていると思う用語などでも、中にはご存じのない方もいらっしゃいます。

お客さまというのは、言葉が分からなかったり話が理解できなくても、何となく質問しづらいと考えてしまいます。結果、理解が不十分なまま契約に至り、後で思わぬトラブルやクレームにつながることも少なくありません。

そうしたことにならないよう、**「いつでも遠慮なく質問していただきたい」と事前にお伝えしておく**ことは、たいへん重要なことです。

場面 説明の途中で一区切りする

「ここまでのご説明で何かご不明な点などはございませんでしょうか」

説明の区切りのいいところで何度かこのように言って、相手が説明についてきているか、理解してくださっているかを確かめます。

あまりこちらからの説明が長くなると集中力が途切れてきます。**3分おき程度にこの言葉を入れることで、いったんリラックスでき、再度相手の集中力を高める効果もあります。**

場面 説明が一通り終わったとき

「ご説明は以上になりますが、改めてご不明な点などございませんか」

すべての説明が終わったところで、もう一度不明点がないか確認します。場合によっては、「もう一度特に重要なところだけかいつまんでご説明いたします」と、重要ポイントを3つくらい説明します。

場面 迷っているお客さまの背中を押す

「以前別のお客さまにおすすめしたところ、……ということで、とても喜んでいただきました」

たとえば、小学校に入ったばかりのお子さま用に積立定期をおすすめする際など、**以前おすすめした方に喜んでいただいた経験を話す**と、自分のこととしてイメージしていただけます。

「以前、別のお客さまにお子さま用の積立定期をおすすめしたところ、中学校になったときの制服や部活の費用をまかなえて、とても喜んでいただきました」などのように使います。

場面　多弁な方との面談を切り上げる

「大変興味深いお話なのですが（すみません、次の予定があるものですから）、今度またゆっくりとお聞かせください」

お客さまにもいろいろな方がいらっしゃいます。無口な方もいれば、話好きの方もいらっしゃいます。話好きのお客さまとの面談は、ついつい時間がのびてしまいがちで、次の訪問予定に遅れないかドキドキすることもあるのではないでしょうか。かといって、途中で切り上げると、ご気分を害してしまうのではないかと心配になりますよね。

そんなときは、少し遠慮がちに、「大変興味深いお話なのですが、今度またゆっくりとお聞かせください」と言います。これは法人顧客でも、個人宅への訪問でもどちらでも使えます。

それからゼスチャーで示すなら、**筆記用具やパンフレットなどを整理することでも、相手にそろそろ帰りたいと知らせることができます。**

ただし、このゼスチャーに気がつかないお客さまもいらっしゃるので、その場合は、先ほどのような言葉を言ったほうが切り上げることができます。ほとんどのお客さまはこれで、次の予定があるのだな、と察してくれますので、スムーズに退出できるでしょう。

退出時は、「また近々おうかがいいたします」といって退出します。もちろん笑顔を忘れずに。

場面 辞去するきっかけのフレーズ

「おや、もうこんな時間ですね。長々とお邪魔してしまいました」

これは、訪問先を辞去するきっかけを作る定番フレーズです。「もう少しいいじゃないですか」と言われるかもしれませんが、ほとんどは相手の社交辞令なので、「次の予定があるものですから、また寄らせていただきます」といって辞去しましょう。

場面 **大事なことを言い忘れていたとき**

「最後に一つだけ、（大切なことを）よろしいでしょうか」

セールスをしに行ったり、何か重要なことを伝えるつもりのはずが、いつの間にか別の話になってしまい、時間もなくなってきてしまった。これから本題を話していては次の訪問時間に遅れてしまう。そんなときは、このトークをきっかけにして、最低限伝えなければいけないことを伝えます。

商品説明などをしていて、そろそろ切り上げる雰囲気になってきたときに、何か大事なことを伝え忘れていたのに気付いた場合にも使えます。

たとえば、キャンペーン金利の適用期間が今月一杯だということを言い忘れていたときには、「最後に、念のため大切なことをお伝えいたします。このキャンペーン金利は今月一杯になりますので、ぜひ早めにご検討ください」などと言うわけです。

「大切なことを」の部分は、「ぜひお知らせしたいことを」といった言い方でもいいでしょう。

第4章　情報収集のための「ものの言い方」

場面　年金を受け取っているか確認するとき

「失礼ですが、奥さま（ご主人さま）は、年金のお受け取りはこれからですよね」

年金を受け取っているかどうかを確認するときのトーク例です。最近のシニア世代の方は、まだまだ気持ちも体も元気な方が多いです。**見た目だけでは年金世代かどうかはっきり分からない場合は、「お受け取りはこれからですよね」とか「まだ受け取る年齢ではありませんよね」という聞き方をすれば失礼になりません。**

「もう受け取っていますよ」と言われた場合は、「そうですか。お若いので、これからかと思いました」と返し、年金キャンペーン等の案内に進みます。

「当行で年金をお受け取りのお客さまについては、素敵なプレゼントをお渡しするキャンペーンや、さらには金利を上乗せして定期預金をお預かりできるなど、大変お得な特典をご準備しております。また、もし年金についてご不明なことがございましたら、無料で相談会も実施しておりますので、お気軽にいらっしゃってください」といった具合です。

「あと2年でもらえるようになります」と言われた場合は、「お受け取りは、現在の金融機関でお考えですか？　当行でお受け取りいただくと、素敵な商品をプレゼントするキャンペーンもございます。ぜひ当行でのお取引をご検討ください」といったように続けましょう。

場面 引っ越してきたばかりのお宅を訪問したとき

「最近お引っ越しされていらっしゃったのでしょうか。こちらの地域で口座はもう作られましたか。まだでしたらぜひ当行でいかがでしょうか。ちなみに支店の場所は、○○の近くです」

引っ越してきたばかりのお宅に口座作成を提案するフレーズです。引っ越してきたばかりかどうかを知るには、車のナンバーをチェックしたり、家が新築あるいはリフォーム直後（中古住宅をリフォームして購入するケース）ではないか、表札が新しくないか、表札が間に合わず、紙の表札などで代用していないか、などをチェックします。

場面　家族構成を確認したいとき

「あちらのお車はどちらさまのものですか」

家族構成を確認するときには、単刀直入に聞く方法もありますが、それだと警戒心を抱くお客さまやご気分を害されるお客さまもいらっしゃいます。そこで、やっていただきたいのが、**目に見えるモノを話題に取り上げて婉曲的に聞く**方法です。**目に見えるモノに対しての質問は、不自然さが薄く、スムーズに聞き出すことができます。**

ここで紹介しているのは車に注目した聞き方です。そのとき車がない場合は、駐車スペースに注目し、「駐車スペースが3台分もあるのですね」といった聞き方もできるでしょう。

子ども用の自転車がある場合には、「あちらの自転車は、お嬢さまとお坊ちゃまのものですか」などと聞くこともできます。

場面 隣接する不動産物件の所有を確認する

「お隣のアパート（駐車場・空き地）も○○さまのものなのですか」

お宅に隣接する不動産物件があって、それも所有しているような雰囲気のときに、所有者を確認する言葉です。

資産背景の確認になりますが、これも目に見えるモノを話題にする一例です。

場面 二世帯住宅の同居者を確認する

「ご一緒にお住まいなのは、息子さん（お嬢さま）なのですか」

二世帯住宅で表札を見ると、同じ名字の場合と、違う名字の場合があります。一般的には同じ名字であれば息子さん、違う名字はお嬢さまのケースが多いですが、念のため聞いてみましょう。情報を聞き出し、取引がない場合は預金関係や積立、ローン等のチラシを渡し、紹介を依頼します。

場面 **他行取引を尋ねるとき**

「立ち入った話で恐縮ですが、ふだんご利用されているのは、お近くの○○銀行（郵便局）さんでしょうか」

個人のお客さまに対して、メインでどの金融機関を使っているのかを尋ねるのは、快く思われない方もいらっしゃるので、慎重さがいります。

聞き方のポイントとしては、まず、**一番近隣の金融機関の名前を言って、反応を確かめる**ことです。

いきなり「どちらの金融機関さんをメインに使っていらっしゃいますか」と聞くよりも、具体的な金融機関名を出して「ＹＥＳ」か「ＮＯ」で答えていただくほうが聞き出しやすいものです。

場面 ご家族の近況を尋ねるとき

「○○さまはその後、お変わりございませんか」

以前お目にかかったご家族の方（おじいさんやおばあさん、お子さん、お孫さんなど）が最近見えないときに近況を尋ねるフレーズです。特に高齢者の近況を尋ねる際はやや慎重になる必要もありますが、何も知らないとかえって失礼になってしまうこともあり得ます。

特にお変わりないようでしたら、「またお会いできるのを楽しみにしておりますので、よろしくお伝えくださいさい」と話します。

〔著者紹介〕

渋井正浩（しぶい・まさひろ）

株式会社エムエス研修企画 代表取締役。

1988年東北大学経済学部を卒業し、協和銀行（現りそな銀行）に入社。営業店で約10年間にわたり、渉外、融資を担当。その後、本社にて法人融資審査を8年間担当。2005年に退職し、現職。現在は金融機関の職員研修を中心に、一般企業や日本経済新聞社などの研修・セミナー講師として活動中。著書に『社長のふところに飛び込む極意』（近代セールス社）がある。

＜主な研修・セミナーテーマ＞
○金融機関向け
「渉外担当者セールス話法研修」「社長のふところに飛び込む極意」「渉外課長 スキルアップ研修」「財務基礎研修 はじめての決算書講座」など。
○一般企業向け
「経営戦略・マーケティング戦略 基礎講座」「ビジネス企画力強化講座」「日経新聞活用講座」など。


ここで差がつく！

できる渉外担当者の「ものの言い方」

126の実践話法

2016年 7月21日 発行
2020年 8月29日 第3刷

著　者――渋井正浩

発行者――楠真一郎

発行所――株式会社 近代セールス社
〒165-0026 東京都中野区新井2-10-11 ヤシマ1804ビル4階
電話（03）6866-7586
FAX（03）6866-7596

装　丁――今東淳雄（maro design）

編　集――飛田浩康

印刷・製本　株式会社 三友社

ISBN978-4-7650-2041-1